# TEORIAS DA ADMINISTRAÇÃO
## Das Origens às Tendências Contemporâneas

JOÃO PINHEIRO DE BARROS NETO

Freitas Bastos Editora

Copyright © 2025 by João Pinheiro de Barros Neto

Todos os direitos reservados e protegidos pela Lei 9.610, de 19.2.1998.
É proibida a reprodução total ou parcial, por quaisquer meios, bem como a produção de apostilas, sem autorização prévia, por escrito, da Editora.
Direitos exclusivos da edição e distribuição em língua portuguesa:
**Maria Augusta Delgado Livraria, Distribuidora e Editora**

**Direção Editorial:** Isaac D. Abulafia
**Gerência Editorial:** Marisol Soto
**Diagramação e Capa:** Maicon Santos
**Copidesque:** Lara Alves dos Santos Ferreira de Souza
**Revisão:** Doralice Daiana da Silva

Dados Internacionais de Catalogação na Publicação (CIP) de acordo com ISBD

---

B277t    Barros Neto, João Pinheiro de

        Teorias da administração: das origens às tendências contemporâneas / João Pinheiro de Barros Neto. - Rio de Janeiro, RJ : Freitas Bastos, 2025.
        264 p. : 15,5cm x 23cm.

        Inclui bibliografia e índice.
        ISBN: 978-65-5675-487-1

        1. Administração. 2. Teorias. I. Título.

2025-410                                           CDD 658
                                                              CDU 65

---

Elaborado por Odilio Hilario Moreira Junior - CRB-8/9 949

**Índice para catálogo sistemático:**
1. Administração 658
2. Administração 65

**Freitas Bastos Editora**
atendimento@freitasbastos.com
www.freitasbastos.com

## SOBRE O AUTOR

João Pinheiro de Barros Neto é referência em Administração, Liderança e Gestão de Pessoas, com uma trajetória acadêmica e profissional sólida e inspiradora. Administrador com Pós-Doutorado, Doutorado em Ciências Sociais e Mestrado em Administração pela PUC-SP, além de especialização pela FGV-SP. Professor Assistente Doutor da FEA PUC-SP e Coordenador do Curso de Extensão em Liderança da mesma instituição. É autor, coautor e organizador de mais de 60 livros, consolidando-se como uma autoridade no campo da Administração e no desenvolvimento de líderes. Atuou como examinador do Prêmio Nacional da Qualidade (PNQ) por 14 anos e integra grupos de excelência do Conselho Regional de Administração de São Paulo (CRA-SP). Com ampla experiência como palestrante e educador em cursos de Graduação, Pós-Graduação e Educação Corporativa, dedica sua carreira a conectar teoria e prática, ajudando líderes e gestores a transformarem organizações por meio de estratégias inovadoras e humanizadas. Sua missão é inspirar mudanças e fomentar resultados extraordinários, sempre com um olhar atento ao desenvolvimento humano e organizacional.

Saiba mais e conecte-se com o autor:
• www.linkedin.com/in/professor-barros-joão-pinheiro-de-barros-neto

- http://lattes.cnpq.br/7827126715303644
- https://scholar.google.com/citations?user=RSAvqPsAAAAJ&hl=pt-BR
- https://orcid.org/0000-0002-5680-6658
- https://www.facebook.com/joaopinheiro.barrosneto/

# SUMÁRIO

PREFÁCIO .................................................................11
INTRODUÇÃO ..........................................................13
CAPÍTULO I – IMPORTÂNCIA DA ADMINISTRAÇÃO
E SEU DESENVOLVIMENTO ....................................15
1.1 Administração: de Práticas Empíricas
a Teorias Formais ......................................................15
1.2 A Administração no Contexto Social e Histórico ......16
1.3 Administração e Gestão ........................................18
1.4 As Primeiras Escolas de Administração e a Profissão
de Administrador ......................................................19
1.5 Por que Estudar Teorias da Administração Hoje ....... 23
1.6 Trabalhabilidade e os Desafios da Administração em
Tempos de VUCA e BANI .......................................... 24
1.7 Conclusões ......................................................... 27

CAPÍTULO II – BASES HISTÓRICAS ........................ 29
2.1. Administração como um Processo Histórico .......... 29
2.2 Contribuições Diversas ..........................................31
   2.2.1 Os Filósofos ................................................. 32
   2.2.2 A Igreja Católica e as Organizações Militares.... 33
   2.2.3 Os Economistas............................................ 34
   2.2.4 Os Empreendedores .................................... 35
2.3 A Revolução Industrial........................................... 36
2.4 A Gerência Primitiva e os Precursores da
Administração........................................................... 39
2.5 Administração Pública no Brasil .............................41

2.6 Conclusões .................................................................. 47

CAPÍTULO III – TEORIA E PERSPECTIVAS DA ADMINISTRAÇÃO .................................................................. 49
3.1. A Teoria Geral da Administração .............................. 49
3.2 O Estágio Atual da Teoria Geral da Administração ... 51
3.3 As Variáveis da Teoria Geral da Administração ........ 53
3.4 A Responsabilidade Social da Teoria Geral da Administração .................................................................. 54
3.5 Conclusões .................................................................. 58

CAPÍTULO IV – ADMINISTRAÇÃO CIENTÍFICA ........... 61
4.1 Frederick Winslow Taylor ........................................... 61
4.2 Os Princípios da Administração Científica ............... 62
4.3 A Organização Racional do Trabalho ........................ 63
4.4 O Estudo da Fadiga .................................................... 65
4.5 A Divisão e a Especialização do Trabalho ................. 66
4.6 O *Homo Economicus* .................................................... 67
4.7 Fordismo ..................................................................... 68
4.8 Conclusões .................................................................. 70

CAPÍTULO V – A BUROCRACIA ....................................... 73
5.1 Max Weber .................................................................. 73
5.2 Características da Burocracia ..................................... 75
5.3 Os Excessos Burocráticos ........................................... 77
5.4 Conclusões .................................................................. 78

CAPÍTULO VI – ABORDAGEM CLÁSSICA ..................... 81
6.1 Henri Fayol ................................................................. 81
6.2 As Funções Básicas da Empresa ................................ 82
6.3 As Funções Administrativas ...................................... 83
6.4 Princípios Gerais de Administração ......................... 85
6.5 A Cadeia de Comando e a Coordenação .................. 87
6.6 Outros Autores ........................................................... 88
6.7 Conclusões .................................................................. 89

CAPÍTULO VII – RELAÇÕES HUMANAS ....................... 91

7.1 Humanismo na Administração .................................... 91
7.2 A Experiência de Hawthorne .................................... 92
7.3 O Comportamento Humano ......................................97
7.4 A Organização Informal .............................................. 98
7.5 Conclusões ................................................................99

CAPÍTULO VIII – LIDERANÇA, COMUNICAÇÃO
E CONFLITOS .................................................................. 101
8.1 Consequências do Humanismo na Administração ........ 101
8.2 Liderança .................................................................... 102
8.3 Comunicação ............................................................. 104
8.4 Conflitos ....................................................................106
8.5 Conclusões ................................................................108

CAPÍTULO IX – ABORDAGEM ORGANIZACIONAL ..... 111
9.1 A Teoria Estruturalista ................................................111
9.2 Organizações .............................................................. 113
9.3 Tipos de Organizações................................................ 115
9.4 Relações Interorganizacionais e Ambiente .................117
9.5 Organopatias ............................................................. 118
9.6 Conclusões ................................................................ 120

CAPÍTULO X – ABORDAGEM SISTÊMICA ..................... 121
10.1 A Teoria dos Sistemas................................................ 121
10.2 Sistemas Organizacionais ......................................... 124
10.3 A Gestão da Informação ...........................................126
10.4 Conclusões ...............................................................129

CAPÍTULO XI – ABORDAGEM SOCIOTÉCNICA ........... 131
11.1 Sistema Sociotécnico ................................................. 131
11.2 O Subsistema Social: Clima e Cultura ......................132
11.3 Planejamento ............................................................133
11.4 Direção......................................................................135
11.5 Tomada de Decisão ...................................................136
11.6 Poder e Autoridade ................................................... 141
11.7 Conclusões ...............................................................143

## CAPÍTULO XII – ABORDAGEM NEOCLÁSSICA .......... 145
12.1 O Novo Classicismo ................................................. 145
12.2 Desempenho Organizacional ................................. 146
12.3 Controle e Coordenação ........................................ 147
12.4 Organização ............................................................. 148
12.5 Departamentalização ............................................. 151
12.6 Conclusões ................................................................ 155

## CAPÍTULO XIII – ABORDAGEM COMPORTAMENTAL .... 157
13.1 Behaviorismo ........................................................... 157
13.2 O Comportamento Humano na Organização ......... 158
13.3 Teoria da Hierarquia das Necessidades de Maslow ..... 159
13.4 Teoria dos Dois Fatores .......................................... 160
13.5 Teoria X & Y de McGregor e a Teoria Z de Ouchi ........ 161
13.6 Teoria dos Motivos Humanos ................................ 161
13.7 Teoria do Reforço ................................................... 162
13.8 Teoria da Expectativa ............................................. 163
13.9 Teoria da Equidade ................................................ 164
13.10 Sistemas de Administração .................................. 164
13.11 Conclusões .............................................................. 165

## CAPÍTULO XIV – ABORDAGEM CONTINGENCIAL .... 167
14.1 Contingencialismo .................................................. 167
14.2 A Teoria da Contingência na Administração ......... 169
14.3 O Ambiente Organizacional .................................. 172
14.4 Estratégias Organizacionais .................................. 174
14.5 Conclusões ............................................................... 175

## CAPÍTULO XV – ORGANIZAÇÕES DE APRENDIZAGEM ...................................................... 177
15.1 Aprendizagem Organizacional .............................. 177
15.2 Cultura de Aprendizagem e Inovação Contínua .... 178
15.3 Aprendizagem Organizacional e Adaptação às Mudanças .......................................................................... 180
15.4 Processos Organizacionais .................................... 182

15.5 As Funções Administrativas frente às Novas Tendências ..................184
15.6 Aprendizado e Conhecimento Organizacional .......186
15.7 Novas Configurações Organizacionais....................187
15.9 Conclusões..................190

CAPÍTULO XVI – GESTÃO DO CONHECIMENTO........193
16.1 Fundamentos e Conceitos da Gestão do Conhecimento..................193
16.2 O Capital Intelectual ..................195
16.3 Processos de Captura e Compartilhamento do Conhecimento..................197
16.4 Implementação de Iniciativas de Gestão do Conhecimento..................198
16.5 Tecnologias de Informação e Comunicação na Gestão do Conhecimento ..................198
16.6 Melhores Práticas de Gestão do Conhecimento.....199
16.7 Conclusões..................200

CAPÍTULO XVII – TECNOLOGIA E INOVAÇÃO NA GESTÃO..................203
17.1 Transformação Digital e seu Impacto nas Organizações..................203
17.2 Inteligência Artificial e Automação de Processos........204
17.3 *Big Data* e Análise de Dados na Tomada de Decisão..................205
17.4 Gestão da Inovação e Ecossistemas de *Startups*......206
17.5 O Papel das Redes Sociais e Plataformas Digitais na Gestão Empresarial..................207
17.6 Conclusões..................208

CAPÍTULO XVIII – SUSTENTABILIDADE E RESPONSABILIDADE SOCIAL CORPORATIVA..............211
18.1 Práticas Sustentáveis e Gestão Ambiental.................211
18.2 Responsabilidade Social, ESG e Ética nos Negócios....212

18.3 Impacto Social e Econômico das Organizações na Comunidade ..................................................................213
18.4 Economia Circular
e Desenvolvimento Sustentável.......................... 214
18.5 Governança Corporativa e Transparência............ 214
18.6 Conclusões........................................................215

CAPÍTULO XIX – GESTÃO DA DIVERSIDADE E INCLUSÃO ....................................................................217
19.1 Estratégias para Promoção da Diversidade nas Organizações.............................................................217
19.2 Cultura Organizacional Inclusiva e Equidade de Gênero ......................................................................218
19.3 Gestão da Diversidade Cultural e Racial ..................219
19.4 Inclusão de Pessoas com Deficiência
e LGBTQIAPN+...........................................................220
19.5 Etarismo e Capacitismo ............................................220
19.6 Benefícios da Diversidade para a *Performance* Organizacional ..........................................................223
19.7 Conclusões................................................................223

CAPÍTULO XX – GESTÃO ORGANIZACIONAL FRENTE AOS NOVOS PARADIGMAS .......................225
20.1 Teoria e Técnicas Administrativas..........................225
20.2 Administração por Objetivos – APO ......................226
20.3 Desenvolvimento Organizacional – DO.................227
20.4 Outras Técnicas Administrativas e Ferramentas de Gestão..................................................................229
20.5 Conclusões............................................................... 236

CONSIDERAÇÕES FINAIS................................................ 239

REFERÊNCIAS..................................................................243

# PREFÁCIO

Escrever sobre administração não é uma tarefa simples. No entanto, a complexidade da missão aumenta quando se busca atingir um público mais amplo, como os estudantes de administração e áreas correlatas, incluindo Economia e Ciências Contábeis. Ainda mais complexo quando nos dirigimos a profissionais que, em seu cotidiano, assumem muitas vezes involuntariamente papéis de gestão, seja formal seja informalmente, como, por exemplo, resolver um conflito em uma reunião de condomínio.

Embora o objetivo do livro seja abranger um público diversificado, isso não torna o conteúdo superficial. Tanto os profissionais de administração como os leigos no assunto encontrarão uma visão abrangente das teorias e técnicas administrativas. Devido à natureza do público-alvo, a linguagem adotada no material prima pela clareza e pela objetividade, evitando jargões e termos herméticos.

A razão por trás dessa abordagem é simples: os administradores estão constantemente interagindo com profissionais de diversas áreas. A administração, por sua vez, faz uso de uma variedade de disciplinas, tornando-se uma ciência interdisciplinar por excelência. Assim, o livro visa estabelecer uma linguagem comum entre a ciência da administração e os clientes da administração, ou seja, qualquer pessoa que busque alcançar um objetivo organizacional, mesmo sem ser um administrador profissionalmente habilitado.

A complexidade dos problemas organizacionais, muitas vezes, exige explicar conceitos básicos de administração para aqueles que tomarão decisões, como acionistas, proprietários e empreendedores. Ao compartilhar uma linguagem administrativa comum, economizamos um recurso valioso: o tempo. Além disso, os contratantes de administradores profissionais se beneficiam ao compreender noções básicas de administração.

No entanto, é importante ressaltar que a administração é uma profissão e, embora todos possam oferecer opiniões, após a leitura deste livro, qualquer pessoa poderá fundamentar melhor suas sugestões. Assim como um médico busca a ajuda de um mecânico especializado quando seu carro quebra, uma organização deve recorrer a administradores profissionais para lidar com problemas complexos, pois os prejuízos decorrentes da falta de profissionalismo na administração podem ser incalculáveis, afetando não apenas os proprietários, mas também a sociedade como um todo.

Portanto, antes de tomar qualquer decisão organizacional, é essencial eliminar palpites e "achismos", e buscar o conhecimento da administração para garantir o sucesso das organizações no novo século. Cabe lembrar que o primeiro passo é sempre o mais importante, e este livro pode ser o guia para tomar a direção certa desde o início.

# INTRODUÇÃO

Este livro adota uma abordagem histórica ao apresentar as teorias e práticas administrativas mais significativas, ao longo de uma linha do tempo, proporcionando ao leitor uma compreensão clara da evolução da ciência da Administração.

O título desta obra é **Teorias da Administração:** das Origens às Tendências Contemporâneas e não "da Administração de Empresas". Com isso, pretende-se refletir sobre a necessidade de uma visão mais abrangente da Administração, que se estende a todas as formas de organizações: públicas ou privadas, com ou sem fins lucrativos, comercial ou industrial, produtora de bens ou de serviços, nacional ou multinacional, grande ou pequena. Assim, o conteúdo deste livro é aplicável a qualquer tipo de organização, não se limitando ao conceito tradicional, mas limitado, de empresa.

A primeira parte explora os primórdios da Administração, destacando contribuições desde os tempos bíblicos até a Revolução Industrial, que desempenhou um papel fundamental no surgimento da gestão profissionalizada.

Após essa introdução, o foco se volta para a Teoria Geral da Administração, que compila o conhecimento administrativo de forma objetiva e concisa, evitando detalhes excessivos e priorizando a aplicabilidade prática do conteúdo. Mesmo sendo compacto, o livro aborda todos os temas relevantes de maneira abrangente, sem comprometer a profundidade.

Na medida do possível, foram evitadas notas de rodapé e referências de final de capítulo, para tornar a leitura mais fluida e dinâmica, mantendo a atenção do leitor do início ao fim do capítulo. Isso torna o texto mais acessível.

É importante ressaltar que disciplinas como *Marketing*, Recursos Humanos, Produção, Qualidade, Finanças e Segurança Patrimonial são áreas específicas da Administração, portanto, uma sólida base na Teoria Geral da Administração é fundamental para todos que atuam nessas áreas, independentemente de seu grau de conhecimento ou área de atuação.

Essa visão sistêmica e ampla proporcionada pela Teoria Geral da Administração permite integrar esforços de áreas distintas, derrubar barreiras funcionais e identificar oportunidades de melhoria contínua. Este livro conduz o leitor em uma jornada de integração organizacional, com foco em obter resultados ótimos com base na teoria disponível, pois, como diz o ditado, "nada mais prático do que uma boa teoria".

As referências bibliográficas ao final do livro não é apenas uma lista de obras consultadas pelo autor, mas uma sugestão de leitura para o leitor interessado em aprofundar-se em determinados temas. Afinal, este livro só foi possível graças às fontes consultadas.

# CAPÍTULO I – IMPORTÂNCIA DA ADMINISTRAÇÃO E SEU DESENVOLVIMENTO

## 1.1 Administração: de Práticas Empíricas a Teorias Formais

A administração, em seus primórdios, era uma atividade baseada principalmente na intuição e na experiência empírica, estando presente nos primeiros grupos humanos na organização de seus recursos e execução de projetos, como a construção de cidades ou a irrigação de campos. No entanto, essas práticas eram conduzidas sem uma base teórica sistematizada, sendo moldadas pelas necessidades práticas e pela capacidade de observação dos líderes e gestores da época.

Com o passar dos séculos, as práticas administrativas continuaram sendo intuitivas, mas ganharam maior sofisticação à medida que as sociedades se tornaram mais complexas. Durante a Idade Média, por exemplo, a administração nas feiras e guildas começou a refletir elementos de planejamento e organização. Ainda assim, tratava-se de um conhecimento transmitido de forma oral ou por meio de aprendizados práticos, sem registros sistemáticos que permitissem a análise ou reprodução em larga escala.

A transição de práticas empíricas para teorias estruturadas começou a se intensificar durante a Revolução Industrial devido à complexidade crescente das fábricas e à necessidade de coordenar grandes forças de trabalho que motivaram estudos mais detalhados sobre como melhorar a eficiência e os resultados organizacionais.

No início do século XX, a administração começou a se consolidar como uma disciplina científica, impulsionada por estudiosos que desenvolveram a administração baseada na análise sistemática de tarefas para maximizar a produtividade e na identificação de princípios fundamentais da administração, como planejamento, organização, direção e controle. Essas contribuições representaram o momento em que a administração deixou de ser tratada apenas como prática empírica e passou a ser reconhecida como uma ciência dotada de métodos, teorias e princípios universais.

A partir daí, a administração evoluiu para uma disciplina eclética, que combina princípios tradicionais com abordagens contemporâneas, como gestão ágil, liderança transformacional e uso de *big data*. Essa transformação contínua demonstra como a administração se adaptou às mudanças tecnológicas, sociais e econômicas, consolidando-se como um campo essencial para o sucesso das organizações, dos países e da própria sociedade como um todo.

## 1.2 A Administração no Contexto Social e Histórico

A administração sempre esteve profundamente ligada ao contexto histórico e social em que se desenvolveu. Desde a organização das primeiras civilizações, as práticas administrativas surgiram como resposta às necessidades sociais, políticas e econômicas. Na Mesopotâmia, por exemplo, a administração era vital para gerenciar o armazenamento de grãos e a redistribuição de recursos em uma sociedade agrícola.

## CAPÍTULO I – IMPORTÂNCIA DA ADMINISTRAÇÃO E SEU DESENVOLVIMENTO

Com o advento da Idade Média, que se estendeu do século V ao século XV, mais precisamente da queda do Império Romano do Ocidente, em 476 d.C., até a tomada de Constantinopla pelos turco-otomanos, em 1453, o sistema feudal trouxe mudanças significativas na forma como o trabalho e os recursos eram administrados. A economia baseada em feudos descentralizados exigia que senhores feudais desenvolvessem habilidades de gestão local, muitas vezes limitadas à supervisão de servos e à manutenção de terras produtivas. No entanto, as cruzadas e o crescimento do comércio começaram a introduzir elementos de administração mais complexos, especialmente nas feiras e nas guildas comerciais, que representaram os primeiros sinais de organizações com objetivos econômicos claros.

Com a Revolução Industrial no século XVIII e a transição para a produção em larga escala, surgiu a necessidade de organizar grandes grupos de trabalhadores e gerenciar recursos de maneira eficiente. Esse contexto levou ao desenvolvimento das primeiras teorias administrativas, que buscavam maximizar a produtividade por meio do estudo sistemático de tarefas. A Revolução Industrial não apenas transformou a economia global, mas também deu início a uma era de estudos estruturados sobre gestão.

O século XX foi marcado por desafios como as guerras mundiais, a Grande Depressão e a ascensão das economias de massa, que moldaram as teorias administrativas da época. Durante a Segunda Guerra Mundial, por exemplo, o desenvolvimento de técnicas como a pesquisa operacional foi impulsionado pela necessidade de coordenar recursos militares de forma eficiente. Ao mesmo tempo, a expansão do capitalismo e o crescimento de grandes corporações demandaram abordagens gerenciais que unissem eficiência e liderança.

No final do século XX e início do século XXI, mudanças tecnológicas e sociais trouxeram novos desafios. A globalização, o avanço da tecnologia da informação e a crescente preocupação com sustentabilidade e diversidade fizeram com que a administração se adaptasse continuamente. Modelos como a gestão ágil e a administração baseada em dados surgiram para lidar com a complexidade e a velocidade do mundo moderno. Paralelamente, questões sociais, como igualdade de gênero e inclusão, começaram a influenciar diretamente a maneira como as organizações são geridas.

## 1.3 Administração e Gestão

Embora frequentemente utilizados como sinônimos, os termos "administração" e "gestão" possuem diferenças sutis, mas importantes, que refletem seus objetivos e abordagens dentro das organizações. A administração é comumente associada ao planejamento, à organização e ao controle de recursos para alcançar objetivos de longo prazo. Já a gestão, mais prática e operacional, foca na execução das atividades planejadas, garantindo que os recursos sejam utilizados de forma eficiente no dia a dia. Ambas são complementares e indispensáveis para o sucesso organizacional, mas desempenham papéis distintos.

A administração é um processo mais estratégico e abrangente. Ela envolve a definição de metas, a criação de políticas e o estabelecimento de estruturas organizacionais. O administrador geralmente ocupa um papel de liderança, sendo responsável por alinhar os interesses da organização com as demandas do mercado e as expectativas das partes interessadas. Nesse contexto, a administração tem uma visão macro, voltada para o futuro e para a sustentabilidade da organização no longo prazo.

No entanto, a gestão é mais orientada para a execução e os resultados imediatos. O gestor é o responsável por transformar planos em ações, garantindo que as equipes alcancem as metas estabelecidas pela administração. Suas atividades incluem a alocação de recursos, a supervisão de tarefas e a resolução de problemas operacionais. Enquanto a administração pensa no "o quê" e no "por quê", a gestão se concentra no "como" e no "quando".

Apesar das diferenças, administração e gestão são interdependentes. Sem uma boa administração, a gestão pode carecer de direção e propósito, tornando-se ineficaz. Da mesma forma, sem uma gestão eficiente, os planos estratégicos da administração podem não sair do papel. Essa relação simbiótica permite que organizações enfrentem desafios de maneira integrada e alcancem tanto metas operacionais quanto estratégicas.

## 1.4 As Primeiras Escolas de Administração e a Profissão de Administrador

Os primeiros cursos na área de Administração surgiram nos Estados Unidos, com a criação da Wharton School, em 1881. No entanto, somente na década de 1950, o ensino de administração se consolidou no Brasil. Naquela época, os Estados Unidos já formavam cerca de 50 mil bacharéis, 4 mil mestres e 100 doutores em administração anualmente, enquanto no Brasil esse número era muito menor, com no máximo 5 mil mestres em administração no total. Essa diferença refletia a demanda por mão de obra qualificada na área de Administração, que cresce impulsionada pelo acelerado processo de industrialização nacional a partir da década de 1940.

O interesse do governo brasileiro nas questões econômicas e a demanda da sociedade por iniciativas de pesquisa em assuntos econômicos e administrativos levaram à criação dos cursos universitários de Ciências Contábeis e Ciências Econômicas em 1945, por iniciativa do Ministro da Educação e Saúde, Gustavo Capanema. Nesse contexto, em 1946, a Universidade de São Paulo fundou a Faculdade de Economia e Administração (FEA-USP), que inicialmente oferecia apenas os cursos de Ciências Econômicas e Ciências Contábeis.

Foi somente em 1963 que a FEA-USP passou a oferecer os cursos de graduação em Administração Pública e de Empresas. Nesse ínterim, o Instituto de Administração, criado em 1946, desempenhou um papel crucial na orientação de projetos e pesquisas para a administração pública até 1966, quando foi reestruturado para prestar serviços a entidades públicas e privadas e realizar pesquisas e treinamentos.

Paralelamente – em 1952 – foi criada, pela Fundação Getulio Vargas, a Escola Brasileira de Administração Pública (EBAP), com o apoio da Organização das Nações Unidas (ONU), visando formar especialistas em técnicas administrativas modernas. Dois anos depois, a Escola de Administração de Empresas de São Paulo (EAESP-FGV) foi fundada, com o objetivo de transmitir técnicas avançadas de gestão a dirigentes empresariais. O apoio do governo norte-americano e a parceria com a Michigan State University foram fundamentais para o desenvolvimento da EAESP-FGV.

## CAPÍTULO I – IMPORTÂNCIA DA ADMINISTRAÇÃO E SEU DESENVOLVIMENTO

Em 1955, foi criado o primeiro curso superior em Administração de Empresas no Brasil, e, em 1961, a FGV começou a oferecer cursos de pós-graduação em Administração de Empresas. O reconhecimento oficial da EAESP-FGV ocorreu em 1963, e, em 1966, foi instituído o curso de graduação em Administração Pública. A partir de então, a FGV ampliou sua oferta de cursos de pós-graduação, incluindo Mestrado e Doutorado em Administração de Empresas e Administração Pública.

Essas instituições foram pioneiras no desenvolvimento do ensino de administração no Brasil e exerceram uma função essencial na formação de profissionais capacitados para atender às demandas do mercado em constante transformação. Por meio de uma abordagem técnica e especializada, essas escolas contribuíram significativamente para a modernização do sistema econômico do país.

Após os eventos de 1964, que levaram à adoção da política econômica conhecida por *milagre econômico*, os cursos de Administração começaram a se proliferar em faculdades particulares. Isso se deu devido ao rápido desenvolvimento econômico e ao aumento da demanda por profissionais capacitados para gerenciar as crescentes empresas e unidades produtivas do país, incluindo empresas estrangeiras e estatais. Essa demanda por especialização refletia a complexidade crescente das operações empresariais, que exigiam habilidades específicas e ferramentas de gestão adequadas.

Em resposta a essa questão, houve a necessidade de se regulamentar a profissão de Administrador, o que foi formalizado pela Lei nº 4.769, em 9 de setembro de 1965. No ano seguinte, o Conselho Federal de Educação estabeleceu o primeiro currículo mínimo para o curso de Administração, por meio do Parecer nº 307/1966, aprovado em

08 de julho de 1966. Esse currículo definiu as disciplinas necessárias para a formação de Técnicos em Administração, agrupando matérias de cultura geral, instrumentais e profissionais.

O ensino de Administração no Brasil teve uma evolução histórica marcada por quatro ciclos bem distintos. Eles são marcados pela aprovação dos currículos mínimos em 1966 e, em 1993, pela definição das Diretrizes Curriculares Nacionais para o curso de Bacharelado em Administração, oficializadas em 2004 pelo Ministério da Educação e pela atualização dessas por meio da Resolução CNE/CES n° 5, de 14 de outubro de 2021, a qual passou a vigorar em 1° de novembro do mesmo ano.

Durante a década de 1960, as Instituições de Ensino Superior já estavam formando profissionais em Administração, preparados para gerenciar empresas em meio ao rápido processo de industrialização que se iniciara nos anos 1930. Era necessário regulamentar essa profissão, o que foi feito pela Lei n° 4.769, de 9 de setembro (Dia do Administrador) de 1965, que estabeleceu oficialmente a profissão de Técnico em Administração, título mantido até 13 de junho de 1985, quando a Lei federal n° 7.321 alterou o nome da profissão para Administrador.

Com essa regulamentação, foram criados os Conselhos Regionais (CRA) e Federal de Administração (CFA), encarregados de fiscalizar o exercício da profissão e emitir as carteiras profissionais. A partir de então, somente os profissionais registrados no CRA poderiam exercer a profissão, tornando-a exclusiva para os titulares de bacharelado em Administração.

## 1.5 Por que Estudar Teorias da Administração Hoje

Estudar teorias da administração hoje é essencial para compreender a evolução das práticas organizacionais e sua aplicação no mundo contemporâneo. As teorias administrativas não são apenas um conjunto de conceitos históricos; elas formam a base para entender como as organizações funcionam, permitindo que profissionais reconheçam os fundamentos por trás de práticas gerenciais modernas. Ao mergulhar no estudo dessas teorias, gestores e administradores desenvolvem uma visão crítica e analítica que os capacita a identificar tendências, adaptar-se às mudanças e tomar decisões fundamentadas.

No mundo atual, marcado por constantes transformações tecnológicas, econômicas e sociais, as teorias da administração fornecem um guia sólido para navegar em ambientes complexos e incertos. O estudo dessas teorias ajuda a compreender as origens de práticas como planejamento estratégico, análise de eficiência e gestão de equipes, destacando o que é perene e o que precisa ser adaptado. Essa perspectiva é especialmente valiosa para evitar modismos gerenciais que podem parecer atraentes, mas carecem de base científica e resultados sustentáveis.

Além disso, as teorias clássicas da administração continuam sendo relevantes quando aplicadas às realidades atuais. Outro aspecto importante é o papel das teorias administrativas na antecipação de tendências. Estudar teorias, técnicas e modelos da administração capacita os profissionais a enxergarem além do presente, identificando oportunidades e desafios emergentes. Em um mercado no qual mudanças rápidas são a norma, o conhecimento das teorias administrativas oferece uma vantagem competitiva, ajudando a alinhar estratégias com as expectativas de clientes, colaboradores e acionistas.

## 1.6 Trabalhabilidade e os Desafios da Administração em Tempos de VUCA e BANI

O mundo contemporâneo, marcado pelos conceitos de VUCA (Volatilidade, Incerteza, Complexidade e Ambiguidade) e BANI (Fragilidade, Ansiedade, Não-linearidade e Incompreensibilidade), exige das organizações e de seus líderes, administradores, gestores e profissionais em geral uma adaptação constante. Os dois conceitos surgiram em momentos históricos distintos, refletindo as complexidades e os desafios de suas respectivas épocas. VUCA foi concebido no contexto militar dos Estados Unidos após o final da Segunda Guerra Mundial, especialmente durante a Guerra Fria, para descrever um cenário mundial marcado por mudanças rápidas e imprevisíveis, rivalidades geopolíticas e incertezas estratégicas. Já o conceito BANI foi criado em 2018 pelo antropólogo Jamais Cascio, mas ganhou relevância em 2020, com a pandemia de COVID-19, que evidenciou a fragilidade das estruturas sociais e econômicas, ampliou a ansiedade coletiva e destacou a complexidade das mudanças não lineares na era digital. Ambos os conceitos capturam as características de seus tempos, servindo como lentes para entender e navegar as transformações do mundo na atualidade.

Nesse cenário, a trabalhabilidade surge como um conceito-chave, representando a capacidade de criar valor em diversos contextos de trabalho, independentemente da estabilidade das condições externas. Diferente da empregabilidade tradicional, a trabalhabilidade reflete a necessidade de habilidades flexíveis e uma postura empreendedora, que são fundamentais em ambientes cada vez mais dinâmicos e desafiadores.

No contexto VUCA, a volatilidade das mudanças exige profissionais capazes de antecipar tendências e adaptar suas estratégias com agilidade. Além disso, a incerteza presente no mercado dificulta o planejamento de longo prazo, demandando uma gestão baseada em resiliência e na capacidade de tomar decisões rápidas e fundamentadas, mesmo em condições de risco. A complexidade, por sua vez, exige um pensamento sistêmico, que compreenda a interdependência dos fatores organizacionais e externos. Já a ambiguidade pede preparação para lidar com múltiplas interpretações e soluções, desenvolvendo uma comunicação clara e empática para guiar suas equipes.

No mundo BANI, os desafios se intensificam. A fragilidade das estruturas organizacionais e sociais exige o desenvolvimento de competências emocionais para gerenciar crises e manter a coesão das equipes. A ansiedade, que permeia os ambientes de trabalho devido à imprevisibilidade, torna indispensável a criação de ambientes psicologicamente seguros, onde os profissionais sintam-se apoiados para lidar com o estresse e a pressão. A não linearidade dos processos, em que ações e resultados nem sempre seguem um padrão lógico, demanda líderes inovadores e dispostos a experimentar novas abordagens. Finalmente, a incompreensibilidade, alimentada pela avalanche de informações e mudanças, reforça a necessidade de uma liderança que valorize o aprendizado contínuo e a clareza na comunicação.

A trabalhabilidade, nesse contexto, é um diferencial estratégico, não apenas para os colaboradores, mas também para os próprios administradores. Habilidades como adaptabilidade, criatividade, capacidade de resolver problemas complexos e proatividade se tornam indispensáveis. Aqueles que compreendem a trabalhabilidade como um conceito central estão mais aptos a se desenvolverem e mitigarem frustrações, no entanto, gestores que fomentam o desenvolvimento de suas equipes promovem uma cultura organizacional que valoriza o aprendizado contínuo e a colaboração.

Além disso, a trabalhabilidade desafia todos nós a repensar os modelos tradicionais de trabalho. Cargos que não existiam há poucos anos, como cientistas de dados, estrategistas de drones e engenheiros de inteligência artificial, ilustram como o mercado se transforma rapidamente. Esses novos papéis demandam competências técnicas, além de uma mentalidade empreendedora e uma visão ampla de como integrar tecnologia, inovação e propósito. Nesse cenário, a Administração precisa ser agente de mudança, incentivando a experimentação e a autonomia das pessoas.

Outro aspecto relevante é o impacto emocional das dinâmicas de VUCA e BANI. As equipes, muitas vezes, enfrentam sentimentos de insegurança e de esgotamento mental diante das constantes mudanças e desafios. Uma administração eficaz reconhece essa realidade e implementa práticas de autocuidado, apoio psicológico e fortalecimento das competências socioemocionais. Essas iniciativas não só contribuem para a saúde e o bem-estar dos colaboradores, mas também aumentam a produtividade e a capacidade de inovação, gerando um ambiente de trabalho mais sustentável.

A integração entre trabalhabilidade e administração, portanto, não é apenas uma resposta às demandas do presente, mas uma preparação para o futuro. Organizações que promovem esses valores têm maior capacidade de se adaptar às transformações do mercado e de se destacar em cenários competitivos. Para isso, é fundamental que as pessoas invistam em sua própria formação, desenvolvendo habilidades como inteligência emocional, pensamento estratégico e capacidade de inspirar suas equipes.

## 1.7 Conclusões

A evolução da administração reflete os desafios e as demandas de cada época. Ao longo da história, as organizações adaptaram suas práticas gerenciais para responder às pressões externas, enquanto os teóricos da administração desenvolveram modelos para tornar essas práticas mais eficazes. Essa interação contínua entre história, sociedade e gestão moldou as teorias administrativas, como também reafirmou a administração como uma ciência dinâmica, essencial para a resolução de problemas coletivos.

Compreender as distinções e complementaridades entre administração e gestão é essencial para formar líderes capazes de atuar em diferentes níveis organizacionais. Enquanto a administração estabelece a visão e os objetivos de uma organização, a gestão garante que essa visão seja transformada em resultados tangíveis. Juntas, elas fornecem a base para uma organização resiliente, eficiente e preparada para os desafios do mercado contemporâneo.

A trabalhabilidade representa mais do que uma simples habilidade técnica; é uma filosofia de adaptação e evolução contínua que dialoga diretamente com os desafios trazidos pelos mundos VUCA e BANI. Ao reconhecer sua importância, líderes podem não apenas superar adversidades, mas também transformar suas organizações em ambientes resilientes, inovadores e alinhados às demandas do século XXI. Essa visão reflete um novo jeito de trabalhar, de liderar e construir o futuro.

Portanto, estudar teorias da administração hoje é mais do que uma exploração acadêmica, é uma ferramenta indispensável para líderes e gestores que desejam se destacar em um mercado globalizado e dinâmico. Ao combinar conceitos clássicos com a análise das realidades modernas, os profissionais são equipados para criar soluções inovadoras e sustentáveis, liderando suas organizações com confiança e competência. Esse conhecimento transforma desafios em oportunidades, garantindo relevância e sucesso no cenário contemporâneo.

# CAPÍTULO II – BASES HISTÓRICAS

## 2.1. Administração como um Processo Histórico

A primeira grande obra realizada pela humanidade que exigiu um grande esforço administrativo foi a construção das pirâmides do Egito. Embora possam ter existido outras obras notáveis, nenhuma alcançou tamanha longevidade e, portanto, sucesso. Tanto é assim que Peter Drucker, considerado o pai do *management* moderno, quando questionado sobre quem teria sido o maior Administrador do mundo, respondeu: o indivíduo que construiu as pirâmides do Egito.

Existem diversas teorias para explicar como foi possível erguer uma obra tão monumental em tempos tão antigos, enfrentando tantas dificuldades e com recursos tão escassos, inclusive tecnológicos. No entanto, para os estudiosos da ciência, a explicação é simples: boa administração, que naquela época se resumia basicamente a planejamento, organização e controle hierárquico.

As relações hierárquicas, que determinam a autoridade e o poder, são representadas pela imagem de uma pirâmide e estão presentes em todas as organizações conhecidas, sejam elas empresas comerciais, industriais, de serviços, religiosas ou beneficentes. Embora as empresas modernas tenham buscado reduzir significativamente a quantidade de níveis hierárquicos, achatando assim a pirâmide organizacional, até hoje não há notícia de qualquer organização que tenha obtido sucesso absoluto na eliminação total da hierarquia.

Portanto, a estrutura organizacional hierarquicamente estruturada administrar e governar com o máximo de eficiência e eficácia, sendo que nas organizações tradicionais a pirâmide organizacional é mais alta (mais níveis hierárquicos) enquanto nas organizações modernas, com o intuito de aumentar a velocidade das decisões, a pirâmide é mais achatada (menos níveis).

Figura 2.1 – Estrutura organizacional.

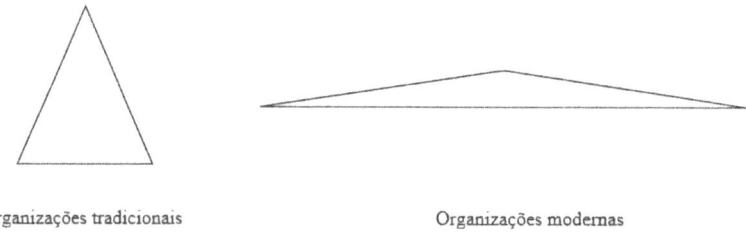

Organizações tradicionais        Organizações modernas

Fonte: Elaborada pelo autor.

Na realidade, o princípio da hierarquia organizacional é tão eficaz que até mesmo Moisés, ao fugir do Egito, incorporou essa ideia. Ao enfrentar a imensa dificuldade de administrar a fuga de mais de "600.000 de pé, somente de varões, sem contar os meninos... ovelhas, vaca, gado" (Êxodo, 12; 37 e 38), Moisés decidiu seguir o conselho de seu sogro Jetro. Consciente dos desafios de seu genro, Jetro sugeriu a ele a criação de uma hierarquia para gerir a grande empreitada divina (Êxodo, 18):

> 21. E tu dentre todo o povo procura homens capazes, tementes a Deus, homens de verdade, que aborre-

çam a avareza; e põe-nos sobre eles por maiorais de mil, maiorais de cem, maiorias de cinquenta, e maiorais de dez;
22. Para que, julguem este povo em todo o tempo, e seja que todo o negócio grave tragam a ti, mas todo o negócio pequeno eles o julguem; assim a ti mesmo te aliviarás da carga, e eles a levarão contigo.
23. Se tudo isto fizeres, e Deus te manar, poderás então subsistir; assim também todo este povo em paz virá ao seu lugar.
24. E Moisés deu ouvido à voz de seu sogro e fez tudo quanto tinha dito:
25. E escolheu Moisés homens capazes, de todo o Israel, e os pôs por cabeças sobre o povo: maiorais de mil e maioriais de cem, maioriais de cinquenta, e maiorais de dez.
26. E eles julgaram o povo em todo o tempo; o negócio árduo trouxeram a Moisés, e todo o negócio pequeno julgaram eles.

Ao atribuir tarefas, delegar poder e autoridade, definir responsabilidades e estabelecer diretrizes e a amplitude de atuação, ou seja, ao criar uma hierarquia (ou, ainda, ao empregar a estrutura piramidal), Moisés foi capaz de cumprir com êxito sua missão. Essa arquitetura organizacional possibilitou à humanidade a construção das mais notáveis obras e a realização dos mais incríveis empreendimentos: um princípio divino para a Ciência Administrativa.

## 2.2 Contribuições Diversas

A Ciência Administrativa é o resultado de um longo processo histórico de desenvolvimento da humanidade, ou seja, não surgiu de forma repentina. Ainda que, apenas nos últimos 100 anos, tenha ganhado impulso e passado a estabelecer um campo próprio, ao longo de toda a história houve, em menor ou maior grau, atividades administrativas diversas: mesmo os primeiros seres humanos precisavam de organização mínima para prover sua própria subsistência. Por exemplo, a decisão de localização de uma tribo indígena pode ser considerada uma decisão estratégica típica. Assim, a administração, embora não como uma atividade estruturada, sempre esteve presente; a Administração como Ciência é que só começou a se desenvolver a partir do final do século XIX.

Por ser uma disciplina relativamente nova, a Administração apropriou-se do conhecimento de várias outras áreas do conhecimento e incorporou a contribuição de numerosos filósofos, matemáticos, físicos, economistas, políticos, empresários, engenheiros, empreendedores, historiadores, psicólogos, instituições e organizações diversas, tornando-se talvez uma das mais ecléticas ciências modernas.

### 2.2.1 Os Filósofos

Sócrates (470-399 a.C.) considerava a administração como uma habilidade pessoal e isolada, independente do conhecimento técnico e da experiência. Seu discípulo, Platão (429-347 a.C.), defendia a administração como uma atividade democrática ligada aos negócios públicos, enquanto Aristóteles (384-322 a.C.) estendia essa atividade a duas outras formas de administração: monárquica e aristocrática.

Com o método cartesiano, baseado nos princípios da dúvida sistemática, da decomposição, da síntese e da enumeração, René Descartes (1596-1650) definiu uma importante metodologia tanto para a Administração como para as demais ciências. Hobbes (1588-1679), Rousseau (1712-1778) e Marx (1818-1883), respectivamente, com suas ideias de pacto social, contrato social e origem econômica do Estado, trouxeram uma visão normativa e legal das organizações.

Posteriormente, em 1848, com o manifesto comunista, Marx e Engels definem a luta das classes sociais (proletariado e burguesia) como o motor da história e lançam as bases do socialismo e do sindicalismo como agentes promotores de uma melhor condição de trabalho da classe operária na sociedade capitalista.

### 2.2.2 A Igreja Católica e as Organizações Militares

A Igreja Católica, fundada por volta do ano 30 d.C., é uma das organizações que mais contribuíram para a ciência administrativa, servindo como exemplo primordial para diversas outras organizações formais que surgiram posteriormente. Isso se deve à sua extraordinária longevidade organizacional, que chega a quase 2 mil anos, à sua estrutura organizacional bem definida, à estabilidade de todas as suas normas que podem ser extraídas da Bíblia e do código canônico, à sua abrangência geográfica, sendo a primeira organização globalmente reconhecida, à sua hierarquia simplificada, composta basicamente por padres, bispos, arcebispos, cardeais e um papa como líder máximo vitalício eleito por seus pares, e à sua capacidade de adaptação constante ao ambiente, embora de forma gradual. Além disso, também apresenta uma identidade clara e objetiva (missão, visão, valores), o que contribui para sua eficácia. O fato de ter sido uma das primeiras organizações formais transnacionais confere-lhe uma primazia como modelo para as organizações subsequentes, sendo difícil de ser superada.

As organizações militares, a partir do estabelecimento do exército regular espanhol e, de maneira mais significativa, o exército prussiano, também forneceram importantes princípios para a ciência administrativa. Entre eles destacam-se a unidade de comando, a centralização do comando, a descentralização da execução, a existência de um estado maior (equipe especializada cujo objetivo é fornecer assessoria), e a direção, que assegura que todo soldado saiba o que fazer e o que se espera dele.

### 2.2.3 Os Economistas

O economista liberal Adam Smith (1723-1790), renomado autor de **A Riqueza das Nações**, publicado em 1776, é reconhecido por suas contribuições à teoria econômica, especialmente pela proposição da especialização do trabalho. Junto a James Mill (1773-1836), autor de **Elementos de Economia Política**, lançado em 1826, que abordava medidas relacionadas a tempos e movimentos, anteciparam-se em várias décadas às ideias da Administração Científica de F. W. Taylor e seus seguidores.

David Ricardo (1772-1823), em sua obra **Princípios de Economia Política e Tributação**, publicada em 1817, foi o primeiro a estruturar questões relativas a salários, custos, preços e mercados. Por sua vez, John Stuart Mill (1806-1873), em seu livro **Princípios de Economia Política**, demonstrou preocupação com furtos e fraudes nas empresas, antecipando o papel do auditor interno e as atividades de controle e gestão patrimonial nas organizações. Esses pensadores pioneiros forneceram bases essenciais para o desenvolvimento posterior da teoria administrativa, influenciando significativamente a compreensão das relações econômicas e organizacionais.

## 2.2.4 Os Empreendedores

Até a primeira metade do século XIX, a maioria das empresas era composta por negócios pequenos e familiares. Foi somente com a expansão do comércio internacional e a realização de grandes obras de engenharia, como os Canais de Erie, de Suez e do Panamá, além das estradas de ferro que cruzavam continentes, que as organizações começaram a se tornar mais complexas e desafiadoras de administrar.

Nessa época, um empreendedor pioneiro em algum segmento de mercado tinha amplas possibilidades de enriquecer consideravelmente e continuar aumentando sua fortuna, já que a concorrência era praticamente inexistente. Lévi-Strauss, o primeiro fabricante de calças jeans, por exemplo, não tinha concorrentes diretos, o que lhe conferia uma posição privilegiada no mercado. O mesmo ocorria com os primeiros empresários nos ramos de estradas de ferro, jornais, automóveis, aviação, entre outros. Esses novos milionários viam a necessidade de expandir constantemente seus negócios, seja como estratégia básica ou simplesmente para manter o dinheiro em circulação.

Uma das alternativas estratégicas de crescimento nesse período era a integração vertical, que consistia na aquisição de todos os fornecedores, concorrentes emergentes e distribuidores, abrangendo toda a cadeia produtiva. Isso criava barreiras quase intransponíveis para novos concorrentes. Por exemplo, uma fábrica de refrigerantes poderia ser proprietária dos supermercados, das fábricas de garrafas, das fábricas de tampas e até mesmo da indústria química responsável pela produção dos xaropes. No entanto, essa estratégia era custosa e exigia abundância de capital, motivo pelo qual se tornou menos comum nos dias de hoje. Atualmente, as empresas preferem estratégias de combinação horizontal, como fusões, *holdings* e alianças.

O avanço tecnológico e a evolução dos mercados exigiam cada vez mais eficiência, agilidade e inovação das empresas, levando os empresários a buscarem constantemente melhorias em seus processos de gestão e práticas administrativas. Esse contexto despertou o interesse de muitas pessoas para os problemas empresariais e deu origem a uma ciência dedicada, inicialmente, às questões que afetavam as fábricas e indústrias da época.

## 2.3 A Revolução Industrial

Com a Revolução Gloriosa Inglesa, foi instituído o Parlamentarismo Monárquico na Inglaterra, que, entre outras medidas, liberou a burguesia mercantil do monopólio real sobre o comércio exterior e concedeu à nobreza progressista rural o direito de ocupar terras subutilizadas em propriedades produtivas.

Isso levou a economia inglesa a um surto de crescimento extremamente significativo, uma vez que a produção nas terras antes improdutivas e a expansão do comércio exterior pela burguesia mercantil estimularam o ingresso de divisas provenientes de praticamente todo o mundo conhecido. Para ilustrar, ao longo do século XVIII, metade de todo o ouro extraído de Minas Gerais, no Brasil, foi para o Banco da Inglaterra, e, nos primeiros 50 anos desse mesmo século, as exportações inglesas aumentaram 76%.

O enfraquecimento da burguesia rural tradicional e a grande oferta de capital deram à Inglaterra as condições ideais para iniciar o processo de industrialização. A mão de obra era abundante e barata, e as taxas de juros eram baixíssimas, enquanto a demanda por produtos ingleses crescia continuamente. Essa conjuntura favorecia investimentos de longo prazo, pois o custo do capital era baixo. Assim, obras de infraestrutura foram priorizadas e novos empreendimentos surgiram por toda a Grã-Bretanha, incentivando os empresários a investirem cada vez mais na modernização do processo produtivo para atender ao mercado consumidor interno e externo.

A necessidade premente de aumentar a produtividade trouxe mudanças sociais e econômicas radicais para a Inglaterra e, posteriormente, para o mundo todo. Até a eclosão da Revolução Industrial, a produção era artesanal, ou seja, todos os produtos eram fabricados manualmente em oficinas de propriedade de um mestre artesão que detinha todo o conhecimento do trabalho. Havia também os aprendizes que, durante pelo menos sete anos, trabalhavam para o mestre em troca de ensino e aprendizagem, para só então poderem exercer o ofício livremente. Outro sistema de produção era o das guildas, no qual o trabalho era realizado pelo artesão e sua família, caracterizando-se por uma produção doméstica. Esses sistemas eram muito ineficientes do ponto de vista capitalista, uma vez que todo o controle do processo estava nas mãos do trabalhador.

Para melhorar a produtividade, os empresários adotaram um sistema denominado *putting-out system*, pelo qual forneciam a matéria-prima ao produtor, que mantinha o controle sobre a concepção e execução do trabalho, mas não decidia o preço, a quantidade, a qualidade etc. Esse sistema, no entanto, ainda dava muita liberdade ao trabalhador para escolher quando, como e em que ritmo trabalhar, o que, do ponto de vista do empresário, era um sério entrave para o aumento da produção. A única solução vislumbrada pelo capitalista era intervir diretamente no processo produtivo, retirando do artesão qualquer poder de decisão. Dessa forma, vários trabalhadores foram reunidos para produzir nas instalações do capitalista e sob sua supervisão: nasciam as fábricas.

Esse novo sistema possibilitou a aceleração do desenvolvimento tecnológico, uma vez que agora era possível entender o trabalho e como ele era realizado, o que levou a uma rápida sucessão de invenções para mecanizá-lo: máquinas de fiar, máquinas movidas a água, tear mecânico, máquina a vapor etc. Essa combinação entre tecnologia e supervisão cerrada é o que hoje conhecemos como sistema fabril. A partir de então, a produção obedecia a um ritmo constante, e o trabalhador era obrigado a respeitar horários fixos e normas rígidas, pois agora o capitalista controlava todo o processo e detinha a propriedade de máquinas, equipamentos, instalações, matéria-prima etc.

Quadro 2.1 – A evolução do processo produtivo.

| SISTEMA | CONTROLE DO PROCESSO | CONTROLE DO PRODUTO | PERÍODO |
| --- | --- | --- | --- |
| Artesanal | Trabalhador | Trabalhador | Antes da Revolução Industrial |
| *Putting-out* | Trabalhador | Empresário | Transição |
| Fabril | Empresário | Empresário | Pós-Revolução Industrial |

Fonte: Elaborado pelo autor.

A transformação radical no modo de vida da época causou sérios abalos sociais, como revoltas de trabalhadores, leis punitivas, urbanização descontrolada e surgimento de duas novas classes sociais: a burguesia industrial e o proletariado.

## 2.4 A Gerência Primitiva e os Precursores da Administração

A preocupação constante com a eficiência da produção e a racionalidade dos métodos de trabalho despertou no empresariado um grande interesse por formas de gerenciar e administrar que garantissem lucros cada vez maiores.

Diversos filósofos e teóricos da época também voltaram sua atenção para as mudanças que estavam ocorrendo na sociedade, no trabalho e entre os trabalhadores. Houve várias tentativas de modelar uma explicação para a sociedade industrial emergente.

a) Saint-Simon (1760-1825): considerado o precursor da tecnocracia, defendia a união de todos os países europeus em uma confederação parlamentarista, dividindo o governo em três câmaras: planejamento, avaliação e execução.

b) Charles Fourier (1772-1837): primeiro a idealizar a autogestão, defendendo comunidades agroindustriais autogeridas por trabalhadores livres, como alternativa para os problemas da sociedade industrial.

c) Robert Owen (1771-1858): executivo escocês, aplicou de modo pioneiro sistemas de avaliação de desempenho, criou uma vila operária e reduziu a jornada de trabalho dos operários, antecipando-se em quase um século às ideias da Escola de Relações Humanas.

d) Louis Blanc (1811-1882): defensor do cooperativismo, promovia uma sociedade racionalmente organizada por meio da criação de um governo coordenador de todas as atividades industriais.

e) James Montgomery (1771-1854): possivelmente o primeiro a demonstrar que a racionalização do trabalho melhorava a qualidade e a produtividade, além de aplicar princípios de supervisão da qualidade para reduzir custos e acidentes de trabalho.

f) Douglas McCallum (1815-1878): arquiteto escocês que utilizou seus conhecimentos para elaborar um organograma que clarificava as expectativas de cada função, melhorando a supervisão e tornando a organização mais transparente.

g) Henry Ford I (1863-1947): conhecido como o inventor da linha de montagem na produção de automóveis, mas cuja contribuição vai além disso. Ford duplicou o valor do salário-mínimo da época para que seus empregados pudessem comprar os automóveis produzidos pela empresa, sendo também considerado o criador da classe média. Encarava a atividade empresarial como uma prestação de serviços à comunidade e massificou a produção de automóveis.

A análise dos precursores da administração revela a evolução das práticas gerenciais e a busca constante por eficiência, produtividade e justiça social. Essas figuras históricas estabeleceram as bases para o desenvolvimento das teorias contemporâneas da administração, que continuam a evoluir em resposta às mudanças socioeconômicas e tecnológicas do mundo atual.

## 2.5 Administração Pública no Brasil

A Administração Pública compartilha muitos aspectos com a Administração de Empresas, embora cada uma esteja inserida em contextos sociais, históricos, políticos e legais distintos. Nos países que lideraram a Revolução Industrial, o desenvolvimento econômico foi em grande parte impulsionado por companhias privadas e, consequentemente, pela Administração de Empresas. No Brasil, entretanto, salvo alguns poucos empreendedores, geralmente estrangeiros, o processo de desenvolvimento econômico foi conduzido quase que exclusivamente pela Administração Pública. Dessa forma, o estudo do desenvolvimento da Administração Pública brasileira oferece uma visão abrangente do que ocorreu na administração nacional como um todo.

O primeiro modelo de Administração Pública no Brasil independente foi elaborado pelo Imperador D. Pedro I na Constituição de 1824. Esse modelo era excessivamente centralizado, composto por apenas cinco ministérios (Império e Estrangeiros, Guerra, Marinha, Fazenda e Justiça). Mesmo com a implementação do parlamentarismo em 1847, poucas mudanças ocorreram, e apenas em 1861 foi criado um novo ministério: o da Agricultura.

A República, proclamada em 1889, manteve a mesma estrutura do Império até o primeiro governo de Getúlio Vargas (1930-1937), quando foi criada uma subcomissão de reajustamento presidida por Maurício Nabuco, com o objetivo de modernizar o Estado. Foram então instituídas as carreiras no serviço público e as promoções salariais por antiguidade e mérito, em consonância com as teorias administrativas da época.

Durante o Estado Novo (1937-1945), foi criado o Departamento Administrativo do Serviço Público (DASP) para aplicar os mais modernos métodos de gestão na Administração Pública, seguindo os princípios da Administração Científica e da Teoria Clássica. Implementou-se o sistema de mérito e o ingresso na carreira por meio de concurso público, com o objetivo de selecionar os mais capacitados. Houve também a padronização de procedimentos, especialmente nos processos de compras, por meio de Termos de Comparação, especificação técnica de materiais, simplificação de rotinas e tipos de materiais utilizados. Esse sistema ainda era extremamente centralizado e autocrático, alinhado aos modelos administrativos de Taylor e Fayol.

Em 1956, foram criadas a Comissão de Simplificação Burocrática (COSB), para descentralizar atividades, e a Comissão de Estudos e Projetos Administrativos (CEPA), para sugerir mudanças na estrutura administrativa e realizar reengenharia de processos, ainda que – na época – não tivesse esse nome.

O Decreto-Lei nº 200, de 25 de fevereiro de 1967, expandiu a Administração Indireta (autarquias, empresas públicas) e descentralizou diversos órgãos do Governo Federal para a iniciativa privada, estados e municípios. Na década de 1970, durante o regime militar (1964-1985), foi criada a Secretaria de Modernização, para implantar modernas técnicas de Administração de Pessoal. Em 1979, foi instituído o Programa Nacional de Desburocratização, liderado por Hélio Beltrão no Ministério da Desburocratização.

No governo de Fernando Henrique Cardoso (1994-2002), o esforço de desburocratização foi intensificado com a criação do Ministério da Administração e da Reforma do Estado (MARE). Além dessa iniciativa, visando modernizar a Administração do Estado, houve um grande impulso ao programa de desestatização, que continua até os dias atuais. Segundo FHC, "o Estado reduz seu papel de executor ou prestador direto de serviços, mantendo-se, entretanto, como provedor ou promotor destes, principalmente dos serviços sociais como educação e saúde" (FHC, 1995, Plano Diretor da Reforma do Estado).

Os esforços do governo para adotar as mais modernas técnicas de gestão administrativa demonstram uma constante preocupação com a eficiência e a eficácia do Estado. No entanto, esses esforços frequentemente falham devido a interesses alheios à boa administração. Uma solução para minimizar esses problemas seria a adoção de um quadro permanente de administradores escolhidos por suas qualificações e habilidades profissionais, e não por critérios políticos, para exercer as funções-chave de gerência do Estado, que são estratégicas e requerem conhecimentos técnicos precisos.

Lançado em 1999, o Programa Agenda Ambiental da Administração Pública (A3P) é uma iniciativa do governo federal do Brasil, coordenada pelo Ministério do Meio Ambiente, que visa promover a sustentabilidade e a responsabilidade socioambiental nas atividades administrativas e operacionais dos órgãos públicos. O programa que existe até os dias atuais se renova a cada gestão e incentiva práticas ecologicamente corretas, como a gestão eficiente de recursos naturais, a redução do consumo de água e energia, a minimização de resíduos sólidos, a promoção da educação ambiental entre servidores e a adoção de critérios sustentáveis nas compras e contratações públicas. A A3P busca integrar a sustentabilidade nas políticas e práticas da administração pública, contribuindo para a preservação ambiental e a conscientização sobre a importância do desenvolvimento sustentável.

Embora se possa citar a tecnocracia dos governos militares pós-64 como uma tentativa de profissionalizar a administração, essa iniciativa foi frequentemente desvirtuada por diversos interesses, não se constituindo, portanto, em uma experiência válida para conclusões definitivas sobre a administração pública profissional no Brasil.

A partir de 2019,[1] a Administração Pública brasileira passou por uma série de mudanças e adaptações em resposta aos desafios trazidos pela segunda década do século XXI. O governo federal, sob a liderança de diferentes administrações, implementou políticas e reformas voltadas para a digitalização dos serviços públicos, a transparência administrativa e a inovação na gestão pública.

Um dos marcos importantes foi a consolidação do Governo Digital, que visou a facilitar o acesso dos cidadãos a serviços públicos por meio de plataformas *online*, reduzindo a burocracia e aumentando a eficiência com a transformação digital dos serviços, a integração de bases de dados e a interoperabilidade entre sistemas governamentais, para permitir ao cidadão brasileiro acesso a uma série de serviços sem sair de casa.

Além disso, houve um foco crescente na governança participativa e na inclusão social. Foram adotadas políticas para aumentar a participação dos cidadãos nas decisões governamentais por meio de consultas públicas *online* e fóruns digitais. Esse movimento buscou fortalecer a democracia participativa e garantir que as políticas públicas refletissem melhor as necessidades e os desejos da população.

---

[1] Disponível em: https://www.gov.br/governodigital/pt-br/estrategia-de-governanca-digital/do-eletronico-ao-digital.

No campo da sustentabilidade, a Administração Pública intensificou seus esforços para integrar práticas de governança ambiental, social e corporativa (ESG) nas políticas governamentais. Iniciativas para a gestão sustentável de recursos naturais, a promoção de energias renováveis e a adoção de práticas de economia circular foram amplamente promovidas.

A pandemia de COVID-19, que continuou a influenciar políticas públicas até 2024, acelerou a adoção de tecnologias de teletrabalho e reuniões virtuais na administração pública, resultando em uma maior flexibilidade e eficiência na gestão dos recursos humanos. Políticas de saúde pública também foram aprimoradas com base nas lições aprendidas durante a pandemia, enfatizando a preparação e a resposta rápida a crises sanitárias.

A questão da integridade e da luta contra a corrupção permanece central, e foram implementadas novas medidas de *compliance* e auditoria interna para garantir a transparência e a *accountability* na gestão pública. Programas de capacitação contínua para servidores públicos foram expandidos, focando em ética, gestão de projetos e inovação.

Infelizmente, porém, algumas práticas nocivas continuam disseminadas na administração pública de nosso país, como a do crachá de aluguel – que consiste em servidores públicos cederem seus cargos ou funções a terceiros, geralmente de forma temporária e ilegal. Isso ocorre, por exemplo, quando um servidor permite que outra pessoa utilize seu crachá para acessar áreas restritas ou realizar atividades que deveriam ser exclusivas do servidor autorizado, inclusive registrar presença no trabalho. Essa prática é considerada uma forma de corrupção e pode resultar em sanções administrativas e legais para os envolvidos, pois o objetivo é obter vantagens indevidas, como remuneração extra ou facilitação de atividades ilícitas.

A famosa *rachadinha* é outra prática de desvio de dinheiro público, pela qual um servidor público é coagido a devolver parte de seu salário ao político que o contratou. Pode ocorrer de várias formas, incluindo transferências bancárias ou pagamentos de despesas pessoais do político. Ela também é considerada uma forma de corrupção e geralmente está associada a outros crimes, como lavagem de dinheiro e contratação de funcionários fantasmas. Embora não haja um artigo específico no Código Penal que trate da rachadinha, os envolvidos podem ser enquadrados em crimes como peculato, concussão e corrupção passiva.

A prática derivada do crachá de aluguel e da rachadinha é a locação de crachá, por meio da qual um servidor, geralmente incompetente e com baixo salário, concorda em ganhar uma promoção temporária a um cargo de gestão (o que pode durar anos), passando a receber uma alta remuneração e a fazer contribuições financeiras "livres e espontâneas" ao partido do político que o indicou ou até diretamente à pessoa que lhe beneficiou. Muitas vezes, o servidor até paga uma taxa ou uma entrada para garantir a sua indicação. Essa é uma prática muito difícil de ser comprovada, pois as indicações seguem as regras do órgão público (empregado concursado, com longo tempo no serviço público etc.), portanto, para todos os efeitos, é legal. Porém, quase sempre é uma tragédia administrativa, pois todos os colegas ficam sabendo e nitidamente o servidor beneficiado não tem a qualificação para exercer a gestão. Quanto mais baixo o salário, maior a probabilidade de locar um crachá, pois a contribuição para o partido ou para o político é mais alta.

Não obstante essas e muitas outras práticas escusas, a Administração Pública Brasileira vem demonstrando uma contínua evolução em direção à modernização, à eficiência e à responsividade, enfrentando desafios contemporâneos com soluções inovadoras e inclusivas. No entanto, persistem desafios significativos, incluindo a necessidade de maior profissionalização e despolitização da administração pública, para garantir que as reformas e políticas implementadas sejam sustentáveis e efetivas em longo prazo.

## 2.6 Conclusões

Na rica trajetória histórica da administração, destaca-se como ela evoluiu desde práticas intuitivas e empíricas até alcançar sua estruturação como disciplina. Ao longo desse percurso, percebe-se que a administração não surgiu isoladamente, mas foi moldada por contribuições diversas e pela interação com os contextos históricos, culturais e econômicos de cada época. Desde as reflexões dos filósofos antigos até as práticas organizacionais da Igreja Católica e das forças armadas, cada um desses elementos adicionou camadas de complexidade e sofisticação ao campo administrativo.

As contribuições de economistas e empreendedores reforçaram o papel da administração como uma ciência prática voltada à eficiência, à produtividade e à geração de valor. No entanto, a Revolução Industrial marcou um divisor de águas, ao trazer desafios nunca antes enfrentados, como a gestão de grandes contingentes de trabalhadores, o planejamento de linhas de produção e a criação de estruturas organizacionais. Foi nesse período que as bases da administração moderna começaram a ser delineadas, evidenciando a necessidade de teorias e modelos que pudessem atender a complexidade crescente das organizações.

Ao abordar a gerência primitiva e os precursores da administração, deve-se reconhecer o valor de figuras que, mesmo sem um arcabouço teórico formal, implementaram práticas inovadoras e estabeleceram os alicerces para as futuras teorias administrativas. A administração pública no Brasil, por sua vez, mostrou como as práticas gerenciais foram adaptadas ao contexto nacional, refletindo tanto os desafios específicos do país quanto sua inserção em uma história administrativa global.

Dessa forma, o estudo da administração como um processo histórico permite compreender como os desafios de cada época influenciaram o desenvolvimento do campo. A análise dessas contribuições não apenas amplia o entendimento sobre as origens da administração, mas também nos prepara para enfrentar os desafios contemporâneos com uma perspectiva enriquecida e fundamentada.

# CAPÍTULO III – TEORIA E PERSPECTIVAS DA ADMINISTRAÇÃO

## 3.1. A Teoria Geral da Administração

O mundo contemporâneo é marcado por uma sociedade extremamente complexa e em constante transformação. Neste ambiente dinâmico, o ser humano desenvolve necessidades cada vez mais sofisticadas, que só podem ser atendidas por organizações capazes de fornecer produtos e serviços altamente elaborados. Estas organizações, de diversas naturezas, existem em função das necessidades humanas.

A Teoria das Organizações estuda esses complexos sistemas de forma global, enquanto a Teoria Geral da Administração (TGA) foca na administração dessas organizações, sejam elas empresas (com o objetivo de gerar lucro) ou entidades não lucrativas (como governo e exército). A amplitude e complexidade do campo de estudo da TGA se refletem na variabilidade de sucesso dos administradores em diferentes organizações, mesmo quando possuem habilidades e conhecimentos excelentes. Isto ocorre devido à relatividade da Ciência Administrativa, que indica que práticas eficazes em uma organização podem não ser adequadas para outra.

Portanto, é necessário que o gerente possua um conjunto abrangente de habilidades técnicas (métodos e equipamentos), humanas (empatia e relacionamento) e conceituais (teoria e visão sistêmica). Embora a TGA inclua todas essas habilidades, ela privilegia as habilidades conceituais, que são essenciais, mas não suficientes por si sós, para o desempenho eficaz das funções gerenciais. A TGA permite, assim, compreender o funcionamento das organizações, diagnosticar problemas, propor soluções e manter esses sistemas operando continuamente, já que – em teoria – uma organização não precisa "morrer" (encerrar suas atividades).

A administração é, portanto, a atividade humana mais crucial na atualidade, pois viabiliza todas as demais atividades. Sem uma administração competente, ocorrem desperdícios, danos ao meio ambiente, extinção de recursos produtivos e não se alcança o desenvolvimento sustentável. Em suma, não há organizações intrinsecamente improdutivas ou subdesenvolvidas, mas sim sistemas bem ou mal administrados, cujos resultados são reflexos diretos da qualidade da administração.

Fazer as coisas certas, no momento certo, pelas pessoas certas, é o grande desafio que a TGA nos ajuda a resolver. Cabe à administração compreender a organização, interpretar seus objetivos e concretizá-los por meio da ação das pessoas que a compõem. Administrar é alcançar o sucesso organizacional por meio do esforço coletivo.

Existem várias tendências e escolas de administração, cada uma com uma visão particular e uma maneira diferente de interpretar os problemas organizacionais. Cada escola privilegia uma abordagem específica, ampliando o leque de teorias à disposição do administrador. Por isso, é fundamental o conhecimento de todas as teorias para termos uma visão global, permitindo-nos identificar a mais adequada para cada situação ou contexto.

## 3.2 O Estágio Atual da Teoria Geral da Administração

A quantidade de livros lançados atualmente sobre gerência e métodos de gestão é impressionante, superada apenas pelos títulos de autoajuda. Este notável interesse no gerenciamento organizacional no mundo moderno reflete a crescente compreensão de que nossa sobrevivência no planeta depende de como administraremos nossa relação com a Terra. Historicamente marcada pela exploração e irresponsabilidade, essa relação precisa ser repensada e gerida de forma sustentável.

No entanto, a base teórica da Administração, embora abrangente e multifacetada, não é excessivamente extensa e pode ser resumida de forma estruturada. O quadro a seguir apresenta um panorama das principais teorias e práticas que fundamentam o campo da Administração.

Quadro 3.1 – Principais teorias e práticas que fundamentam o campo da Administração.

| ABORDAGEM | ANO DE REFERÊNCIA |
|---|---|
| Administração Científica | 1903 |
| Burocracia | 1905 |
| Teoria Clássica | 1916 |
| Relações Humanas | 1932 |
| Estruturalismo | 1947 |
| Abordagem Sistêmica | 1951 |
| Abordagem Sociotécnica | 1953 |
| Abordagem Neoclássica | 1954 |
| Abordagem Comportamental (Behaviorista) | 1957 |

| Abordagem Contingencial | 1972 |
| --- | --- |
| Organizações de Aprendizagem e Gestão do Conhecimento | 1990 |
| Responsabilidade Social, Sustentabilidade e ESG | 2000 |
| Diversidade e Inclusão | 2015 |
| Indústria 4.0 e Transformação Digital | 2020 |

Fonte: Elaborado pelo autor.

Essa síntese destaca as contribuições fundamentais de várias escolas e teorias administrativas, oferecendo uma visão abrangente que integra conhecimentos tradicionais e inovadores. A evolução contínua das teorias de administração reflete a adaptação às novas realidades organizacionais e ambientais, fornecendo aos gestores ferramentas essenciais para enfrentar os desafios contemporâneos e futuros.

As datas do quadro não são absolutas, elas servem apenas como marcos referenciais para auxiliar o entendimento do leitor. É impossível definir com exatidão quando uma nova escola de pensamento começa a ganhar relevância ou a perder importância. Por exemplo, por mais moderna que seja uma linha de montagem, ela continua a utilizar os mesmos princípios da Administração Científica. Em toda grande empresa, ainda estão presentes diversos princípios da Teoria Neoclássica. Além disso, apesar das tentativas, ainda não se conseguiu construir e fazer funcionar uma estrutura organizacional completamente livre dos conceitos de burocracia.

Os conceitos incorporados em cada uma dessas escolas são numerosos e podem ser combinados para gerar uma estratégia única, customizada para cada organização. A facilidade de misturar abordagens diferentes, ou partes delas, abre um campo infinito de estudo e permite ao

Administrador encontrar sempre novas técnicas e métodos inovadores e criativos. Não é surpreendente que tanto se escreva sobre gestão, pois o assunto é inesgotável e, com um pouco de criatividade, é possível descobrir novas prescrições organizacionais. Assim como o alfabeto, que, com 26 letras, permite escrever uma quantidade infinita de palavras, a TGA, com menos de uma dúzia de abordagens principais, fornece material suficiente para infinitas combinações. É fácil identificar nas modernas técnicas de gestão (*empowerment*, terceirização, qualidade total, reengenharia, *downsizing*, *rightsizing* etc.) os fundamentos da TGA que sustentam todas essas ideias.

### 3.3 As Variáveis da Teoria Geral da Administração

As organizações, de forma geral, exigem que seus membros incorporem às suas atribuições básicas do dia a dia algumas tarefas administrativas típicas. Isso também ocorre no plano pessoal: administrar a quantidade de papéis em sua mesa, seu tempo, seu salário de modo que cubra todos os gastos mensais, vagas da garagem do condomínio, entre outros. Ademais, frequentemente somos escolhidos, mesmo que informalmente, para funções que exigem liderança, comunicação e planejamento, como síndico, representante de classe, organizador de eventos, entre outras.

Em qualquer situação, a TGA lida com cinco variáveis básicas: pessoas, tarefas, estrutura, tecnologia e ambiente. A análise dessas variáveis facilita a decisão sobre qual teoria aplicar a um problema específico, proporcionando um direcionamento claro.

A TGA está presente em todas as atividades humanas e exige dos administradores uma formação ampla para que compreendam as complexidades do ambiente e as inter-relações entre as variáveis mencionadas. Um administrador completo deve ser um especialista com formação geral, dominando um assunto específico, mas conhecendo em profundidade todas as disciplinas relacionadas ao seu contexto para ter uma visão sistêmica do todo.

A velocidade das mudanças e o desenvolvimento de novas tecnologias implicam a necessidade de gerenciar uma enorme quantidade de informação, que precisa ser filtrada para evitar perda de tempo com dados irrelevantes. Este é um dos maiores desafios enfrentados pelos administradores: escolher, de uma vasta gama de fontes, aquelas que realmente são relevantes e, uma vez selecionadas, extrair dessas fontes as informações que agreguem valor ao conhecimento preexistente.

A globalização dos mercados, a aceleração das comunicações instantâneas e a volatilidade do capital impõem novas configurações organizacionais capazes de sobreviver em um ambiente extremamente confuso e imprevisível. Isso requer da TGA uma capacidade crítica e de adaptação inédita. O que podemos afirmar – com certeza – é que a Teoria Administrativa continua sendo um porto seguro para aqueles responsáveis pela definição do futuro de suas organizações, oferecendo sempre alternativas para enfrentar a incerteza e os complexos desafios do mundo dos negócios.

## 3.4 A Responsabilidade Social da Teoria Geral da Administração

Desde seu surgimento, há cerca de um século, a TGA tem trazido enormes benefícios para a humanidade. Não teríamos, por exemplo, alcançado a Lua e incorporado tanta tecnologia útil ao nosso cotidiano sem a administração competente do programa espacial, que soube cumprir metas e alcançar objetivos de maneira exemplar.

Os ganhos para empresários, sejam industriais ou comerciantes, são evidentes: lucros crescentes, custos decrescentes, maior produtividade e elevação dos níveis de oferta e demanda. A sociedade também tem usufruído de diversas vantagens: produtos e serviços de melhor qualidade, mais confiáveis e com menor impacto ambiental. Desde a Revolução Industrial, a produtividade vem crescendo globalmente, democratizando o acesso aos produtos industrializados – embora ainda estejamos distantes da situação ideal almejada por todos.

Um ponto determinante nessa discussão é a questão da alienação do trabalhador, conforme o jargão socialista, que argumenta que os trabalhadores não recebem um retorno proporcional à sua contribuição no processo produtivo. No entanto, é importante reconhecer que foi graças à aplicação da TGA, por meio de diversas técnicas administrativas e metodologias de gestão, que o salário real aumentou, as condições de trabalho melhoraram e as horas efetivamente empregadas na produção diminuíram, mesmo com o aumento da produtividade. Seria ingênuo acreditar que esses avanços se devem exclusivamente ao poder de mobilização da classe operária por meio dos sindicatos. A verdade é que, sem um aumento na produtividade, não há como garantir ganhos reais de salários e benefícios.

Ao olharmos para o futuro, a TGA continuará a desempenhar um papel fundamental na promoção de inovações e na adaptação às mudanças globais, garantindo que as organizações possam enfrentar os desafios de um mundo cada vez mais complexo e dinâmico.

Tabela 3.1 – Média de Vida x Anos de Trabalho.

| ANO | MÉDIA DE VIDA (1) | ANOS DE TRABALHO (2) | PORCENTAGEM 2/1 |
|---|---|---|---|
| 1850 | 30 | 21 | 70,00% |
| 1900 | 39 | 17 | 43,58% |
| 1970 | 57 | 11 | 19,29% |
| 2000 | 80 | 9 | 11,25% |
| 2030 | 85 | 7 | 8,25% |

Fonte: Adaptado de Masi (2004; 2022).

A Tabela 3.1 evidencia claramente que, a partir da Revolução Industrial, a expectativa de vida do ser humano vem crescendo a taxas impressionantes, enquanto o tempo dedicado ao trabalho vem diminuindo. Considerando o período completo, podemos concluir que, enquanto a média de vida aumentou 266,67%, a quantidade de tempo dedicada ao trabalho caiu 57,14%. Quanto mais se vive, menos se trabalha. Isso trouxe ganhos inequívocos para o trabalhador, como mais tempo de lazer, convivência familiar, educação e dedicação a outras atividades.

Há argumentos retrógrados que afirmam que a migração do campo para as cidades só trouxe prejuízos ao trabalhador. No entanto, é importante lembrar que essa transição significou a troca da servidão rural, onde o trabalhador estava preso a seus senhores por laços opressores, por uma situação de maior independência, proporcionada pelo trabalho assalariado urbano. Aqueles que eram pequenos proprietários rurais, em geral, não abandonaram suas terras; se o fizeram, foi por escolha própria. Até hoje, no Brasil, observamos que o migrante que se desloca de sua terra natal para as favelas dos grandes centros é aquele que enfrenta fome e falta de perspectivas. Ao chegar à metrópole, mesmo sem um lar, encontra uma situação um pouco mais favorável que não conseguia em seu local de origem. Quem tem condições mínimas de sobrevivência tende a não deixar sua terra. Naturalmente, os traumas dessa mudança foram profundos, pois envolveram alterações radicais na estrutura social da época. No entanto, uma avaliação isenta revela que a aplicação de métodos e técnicas baseados na Teoria Administrativa trouxe enormes ganhos para o operário. A classe média – por exemplo – nasceu nas linhas de montagem das fábricas de Henry Ford. A problemática, nesse caso, não reside na aplicação da racionalidade ao trabalho, de modo que não vale a pena estender este assunto aqui.

Assim, a TGA vem cumprindo com sucesso sua responsabilidade social, garantindo ganhos equivalentes a todos os envolvidos no processo produtivo. O que talvez falte é que as empresas assumam também sua responsabilidade social de forma mais abrangente, promovendo ações que busquem melhorar as condições de vida da comunidade onde estão inseridas. Essa é a grande diferença. Enquanto todas as empresas têm funções sociais, como oferecer empregos, produzir produtos e serviços de qualidade, pagar impostos e contribuir para a formação dos trabalhadores, poucas assumem uma responsabilidade social ativa, como uma empresa de produtos de higiene que se responsabiliza pela saúde bucal de uma comunidade infantil carente. É importante lembrar que isso não é um favor, mas gera imensos dividendos em forma de imagem positiva junto ao mercado.

Para continuar operando e produzindo no século XXI, as empresas devem assumir plenamente não só a função social, mas também a responsabilidade social, pois é isso que a sociedade exige. Hoje já vemos produtos líderes de mercado desaparecerem devido aos danos ambientais causados por sua produção. Isso resulta de um maior nível de informação e conscientização dos consumidores, possibilitado pela racionalização do trabalho, que oferece mais tempo para se informar e se preocupar com questões além do recebimento do salário.

Em breve, a participação ativa das empresas no terceiro setor se constituirá em uma verdadeira estratégia de sobrevivência e permanência no mercado. Organizações existem para atender a necessidades humanas, e, nesse caso, a exigência parte da sociedade como um todo, que demanda empresas cada vez mais confiáveis, sérias, responsáveis e comprometidas com seus clientes.

## 3.5 Conclusões

O estágio atual da TGA evidencia sua relevância ao integrar conceitos clássicos com inovações necessárias para lidar com a complexidade do mundo contemporâneo. A inclusão de novas perspectivas, como a gestão em ambientes digitais, a sustentabilidade e a diversidade, reforça sua natureza dinâmica. Essa flexibilidade é fundamental para que as organizações enfrentem contextos cada vez mais imprevisíveis e para que a administração continue a ser uma ciência prática e teórica de vanguarda.

As variáveis abordadas na TGA mostram como diferentes fatores (humanos, tecnológicos, sociais e econômicos) influenciam a gestão organizacional. Reconhecer e gerenciar essas variáveis permite que administradores adaptem suas estratégias de acordo com o ambiente em que atuam. Esse entendimento é vital para assegurar a eficácia e a eficiência das organizações, especialmente em um cenário onde mudanças acontecem de maneira acelerada.

A responsabilidade social da administração destaca-se como um dos tópicos mais significativos, ressaltando que as organizações não operam de maneira isolada, mas são parte de um sistema maior. A TGA, ao incorporar aspectos éticos e sustentáveis, transcende a busca por lucros e contribui para a construção de um futuro mais equilibrado e inclusivo. Este capítulo reforça a importância de enxergar a administração como uma ciência em constante evolução, que dialoga com a sociedade e com as demandas do tempo presente, moldando o futuro das organizações e da própria disciplina.

# CAPÍTULO IV – ADMINISTRAÇÃO CIENTÍFICA

## 4.1 Frederick Winslow Taylor

Frederick Winslow Taylor, nascido em Germantown, Filadélfia, Pensilvânia, em 20 de março de 1856, foi um influente engenheiro e teórico da administração cujo legado continua relevante no mundo corporativo contemporâneo. Descendente de uma tradicional família Quaker inglesa, Taylor demonstrou desde cedo uma inclinação para a engenharia e o trabalho prático. Após estudar em colégios europeus e na Phillips Exeter Academy, nos Estados Unidos, ingressou na Midvale Steel Company, uma grande siderúrgica da época, onde ascendeu rapidamente por meio de diversos cargos até se destacar como um visionário da eficiência industrial.

Em um período marcado pela Revolução Industrial, Taylor foi pioneiro na aplicação de métodos científicos ao trabalho, buscando otimizar processos e aumentar a produtividade. Seu trabalho na Bethlehem Steel Works, onde reduziu drasticamente o número de trabalhadores necessários para realizar determinadas tarefas, ilustra seu impacto revolucionário no campo da administração. Ao longo de sua carreira, Taylor publicou obras fundamentais, como **Administração de Oficinas** (1903) e **Princípios de Administração Científica** (1911), nas quais delineou os princípios e os métodos da Administração Científica.

A Administração Científica, concebida por Taylor, propunha a aplicação de métodos rigorosos de análise e planejamento para maximizar a eficiência do trabalho. Seus princípios enfatizavam a importância do pagamento de salários justos, a padronização de processos, a seleção criteriosa e o treinamento científico dos trabalhadores, e a criação de um ambiente de cooperação entre gerência e operários. Taylor defendia a separação entre o planejamento e a execução do trabalho, estabelecendo uma clara divisão entre a gerência, responsável pelo planejamento e a supervisão, e os trabalhadores, encarregados de seguir as diretrizes estabelecidas.

A aplicação dos princípios da Administração Científica resultou em uma série de benefícios tangíveis, incluindo a eliminação de desperdícios, a melhoria da eficiência e da produtividade e o aprimoramento das condições de trabalho e da remuneração dos funcionários. Taylor também introduziu conceitos como o estudo de tempos e movimentos, a supervisão funcional, e o princípio da exceção, que simplificava o controle ao focar apenas em desvios dos padrões normais.

O legado de Frederick Winslow Taylor na teoria da administração é inegável, tendo suas ideias moldado não apenas a prática gerencial, mas também a maneira como entendemos e organizamos o trabalho até os dias de hoje. Suas contribuições continuam a influenciar líderes e empresas em todo o mundo, destacando-se como um marco na história da gestão organizacional.

## 4.2 Os Princípios da Administração Científica

O primeiro livro de Taylor sintetiza os princípios da Administração Científica, enfatizando a necessidade de equilibrar altos salários com baixos custos de produção e a aplicação de métodos científicos para padronizar processos. Ele preconizava a seleção criteriosa e o treinamento científico dos trabalhadores de acordo com suas tarefas específicas, promovendo um clima de cooperação entre administração, operários e empregadores, visando objetivos comuns de aumento da produtividade e lucratividade.

Em seu livro subsequente, **Princípios de Administração Científica**, Taylor destacou que as empresas – em média – produzem apenas um terço do que poderiam, devido a erros dos trabalhadores, falta de conhecimento dos tempos e rotinas de trabalho pela administração e métodos ineficientes e dispendiosos. Para superar esses desafios, ele propôs a adoção de elementos como estudos de tempos e padrões de produção, supervisão funcional, padronização de equipamentos, planejamento de tarefas e cargos, e princípio da exceção.

Com a implementação da Administração Científica, estabeleceu-se formalmente a separação entre gerência e trabalhadores. A primeira, responsável pelo planejamento e a supervisão do trabalho; os últimos, incumbidos apenas de seguir as diretrizes estabelecidas. Esse sistema de controle, baseado no princípio da exceção, simplificava a gestão ao focar apenas nos desvios dos padrões normais, agilizando os processos de inspeção e controle de qualidade.

## 4.3 A Organização Racional do Trabalho

A Administração Científica tinha como principal objetivo eliminar desperdícios e adaptar o trabalhador à tarefa. Sua aplicação trouxe significativas vantagens para a execução do trabalho, incluindo a eliminação de movimentos desnecessários, a racionalização do recrutamento e da seleção dos trabalhadores, e a melhoria da eficiência dos funcionários.

Além disso, a Administração Científica aumentou a produtividade, evitou períodos de ociosidade e picos de sobrecarga durante a execução das tarefas, melhorou a remuneração dos trabalhadores e facilitou o estabelecimento de custos e a definição de preços de venda mais consistentes.

Tabela 4.1 – Resultados de três anos de trabalho na Bethlehem Steel.

| Fatores | Sistema Antigo | Administração Científica |
|---|---|---|
| Número de trabalhadores | 400 a 600 | 140 |
| Média de toneladas por homem e por dia | 16 | 59 |
| Média de remuneração por dia e por homem | $ 1,15 | $ 1,88 |
| Custo médio do carregamento de uma tonelada de 2.240 lbs. | $ 0,072 | $ 0,033 |

Fonte: Taylor (1970, p. 83).

Taylor alcançou resultados notáveis para a época devido à sua incansável experimentação. Na Bethlehem Steel, ele distribuiu cronômetros para todos os supervisores e realizou mais de 30 mil experimentos, manipulando mais de 400 toneladas de ferro.

Apesar de seus avanços, Taylor era malvisto tanto pelos empregados quanto pelos empregadores. Os sindicatos, que defendiam seu controle sobre o trabalho artesanal, fizeram uma campanha intensa contra os métodos tayloristas, resultando na proibição do uso de cronômetros em órgãos públicos pelo congresso americano de 1913 até 1947. Por sua vez, os empregadores não aceitavam a ideia de dividir seus lucros crescentes com os empregados e rotularam Taylor como um criador de problemas e socialista.

## 4.4 O Estudo da Fadiga

Para Taylor, o estudo da fadiga humana era de fundamental importância, pois os tempos de descanso não podiam ser exagerados sob pena de ociosidade, nem tampouco insuficientes, pois corria-se o risco de extenuar o trabalhador e parar a produção. Segundo ele, "por todo o tempo em que o homem está sob o esforço de sustentar peso, os tecidos de seus músculos experimentam alterações e há a necessidade de repetidos períodos de descanso para que o sangue possa fazer voltar esses tecidos à sua situação normal" (Taylor, 1970, p. 73).

A fadiga leva a diminuição da produtividade e da qualidade do trabalho, perda de tempo, doenças, acidentes, afastamentos etc. Portanto, o estudo da fadiga humana visava evitar movimentos inúteis e economizar esforço e energia, pela disposição física dos materiais e equipamentos, desempenho das ferramentas e utilização do próprio corpo humano de maneira ótima.

O ambiente de trabalho passou, nesse contexto, a exercer fundamental papel no desempenho do trabalhador. O leiaute, ou planta da produção, deveria ser de tal forma que contemplasse aspectos amplos, desde a iluminação, a racionalização do fluxo de processamento, a ventilação, o nível de barulho e o projeto dos equipamentos. Tudo era planejado para cansar o mínimo possível o operário e mantê-lo sempre concentrado no trabalho que estava realizando.

## 4.5 A Divisão e a Especialização do Trabalho

A busca por maior produtividade e a aplicação dos métodos de Taylor levaram à decomposição do trabalho em partes cada vez menores e mais específicas. Os operários deixaram de executar uma tarefa completa para realizar apenas uma parte dela, que seria concluída com a soma do trabalho de cada um. Essa divisão do trabalho podia ser realizada em paralelo (simultaneamente) ou em série (sequencialmente).

Assim, a tarefa passou a ser a menor unidade de trabalho em uma organização, enquanto o cargo designa um conjunto de tarefas rotineiras, ele pode ter vários ocupantes ao mesmo tempo, o que é comum atualmente. Essa simplificação do trabalho permite alcançar um desempenho ótimo com um mínimo de treinamento e um máximo de supervisão.

O planejamento ou desenho de cargos e tarefas, quando feito de maneira cuidadosa e acurada, reduz erros, refugos, rejeições e desconformidades, facilita a supervisão e permite a contratação de pessoas com pouca ou nenhuma qualificação.

O trabalho dos operários era cronometrado e decomposto em uma análise minuciosa para identificar todos os movimentos inúteis e eliminá-los. Cada trabalhador recebia instruções precisas e detalhadas sobre o que deveria fazer, e a preparação dos materiais era separada da execução propriamente dita, a fim de poupar o máximo possível de tempo no processo de produção. Dessa forma, o trabalhador se tornava um especialista, conhecendo cada vez mais sobre a mesma atividade e cada vez menos sobre outras.

Todos os equipamentos e materiais eram padronizados para evitar qualquer dúvida na hora da escolha, bem como diferenças no produto final causadas por métodos ou formas diversas. Para manter o trabalhador motivado e buscando índices cada vez maiores de produtividade, ofereciam-se prêmios e incentivos de produção.

### 4.6 O *Homo Economicus*

A Administração Científica opera com um modelo conceitual de ser humano bastante limitado. Considera que as razões e motivações do homem podem ser facilmente entendidas em termos de recompensas e incentivos financeiros. Segundo os teóricos dessa escola, as pessoas trabalham apenas para evitar a inanição, pois são naturalmente preguiçosas, mesquinhas e limitadas, sendo, portanto, diretamente responsáveis pelos problemas de desperdícios e baixa produtividade nas empresas.

Dessa forma, os engenheiros dessa escola procuravam aplicar os princípios de racionalização, padronização e normatização dos procedimentos a todas as situações empresariais, buscando sempre aumentar a eficiência em todas as áreas produtivas.

Por meio do planejamento, substituíam a improvisação e a prática do trabalhador por métodos cientificamente aprovados. Além disso, por meio de rigorosa seleção e treinamento, procuravam o "homem de 1ª classe", aquele que se adaptava perfeitamente ao trabalho.

O controle era exercido de forma cerrada e constante para certificar-se de que tudo estava sendo feito exatamente como fora planejado, dividindo-se criteriosamente as atribuições e responsabilidades.

Taylor teve inúmeros seguidores, dentre os quais se destaca Harrington Emerson (1853-1931), que propôs uma simplificação dos métodos da Administração Científica e continuou a divulgação dos princípios dessa escola mesmo após a morte do mestre. Emerson é considerado o precursor da Administração por Objetivos, pois propôs, de forma pioneira, o planejamento dos objetivos de acordo com os ideais da empresa, a remuneração proporcional ao trabalho e a manutenção de registros atualizados, precisos e disponíveis.

## 4.7 Fordismo

Henry Ford I revolucionou a estratégia comercial de sua época ao fabricar, com base nos princípios da Administração Científica, um veículo popular e oferecer assistência técnica.

Ford iniciou sua vida como mecânico e chegou a engenheiro-chefe. Em 1899, projetou um veículo autopropelido e, junto com alguns colegas, abriu uma fábrica que fechou logo depois. Não desanimou, conseguiu um empréstimo e fundou a Ford Motor Company. Em 1907, produziu o modelo T, extremamente barato em comparação aos demais modelos disponíveis no mercado, que tinham um preço equivalente, nos dias de hoje, a um avião bimotor. Vendido a US$ 750,00, equivalia a cerca de quatro anos de trabalho de um operário. Nessa época, poucos médicos, por exemplo, ganhavam mais que US$ 500,00 por ano.

Em 1913, a Ford já fabricava 800 carros por dia; no ano seguinte, com o intuito de que todos os seus empregados também pudessem comprar um carro de sua empresa, Henry Ford dobrou o salário-mínimo por conta própria, criando com isso um novo mercado consumidor.

Sua atitude, analisada com mais calma, revela uma acurada visão de longo prazo e uma fina sensibilidade estratégica. Além de ter aumentado a demanda, garantiu a melhoria da qualidade de seus produtos, pois agora os empregados tinham vontade de fazer os veículos da melhor forma possível, uma vez que poderiam ser eles mesmos a comprar o carro que haviam produzido. Se antes o veículo era um sonho impossível de realizar, que comprometimento se poderia esperar de alguém que faz algo que nunca poderá possuir? Agora, o empregado produzia e sabia que – futuramente – também ele, um parente ou amigo, seria dono de um moderno modelo T. Era questão de honra fazer algo que não maculasse sua imagem junto aos conhecidos. Essa percepção dos valores psicológicos dos empregados antecipou as ideias e conclusões da Teoria de Relações Humanas, que ganhou notoriedade a partir da década de 1930.

Em 1926, a Ford era um conglomerado de 86 usinas, empregava 150 mil pessoas e fabricava 2.000.000 de veículos por ano, produzindo desde a matéria-prima até o produto final (concentração vertical), além de realizar a distribuição do produto por meio de uma rede de agências próprias. O minério saía de uma das minas da Ford e, três dias depois, já estava à disposição do consumidor em forma de produto acabado, permitindo que a empresa recebesse o valor do veículo antes mesmo de ter de pagar os custos de produção.

Tudo isso só foi possível porque Ford desenvolveu a produção em massa, na qual a progressão do produto por meio do processo produtivo é planejada, ordenada e contínua. O trabalhador deixava de ter de ir buscar a sua tarefa, pois ela vinha até ele em um ritmo constante. Nesse sistema, diminuía-se o tempo de produção devido à disponibilização imediata da matéria-prima e dos equipamentos à mão do operário, e a produtividade era ainda mais incrementada por meio da especialização. A economia também era muito grande porque quase não havia estoque de matéria-prima.

## 4.8 Conclusões

Essa abordagem é extremamente mecanicista, baseada mais na intensificação do trabalho do que na sua racionalização, restringindo-se quase exclusivamente às tarefas e desconsiderando as complexidades do fator humano, além de ignorar as variáveis informais da organização. Do ponto de vista do operário, há uma desvalorização, pois o trabalho desqualificado foi disseminado, reduzindo as oportunidades de desenvolvimento intelectual do trabalhador. Pode-se dizer também que é uma abordagem de sistema fechado, pois não dá a mínima importância para as variáveis provenientes do meio ambiente, acreditando ser capaz de fornecer soluções prontas para todo e qualquer problema fabril.

Não se pode deixar de reconhecer que, somente após Taylor mostrar a importância de racionalizar a produção, a produtividade começou a crescer significativamente no mundo desenvolvido, mantendo taxas de 3,5 a 4,0% ao ano. Segundo Peter Drucker, o Japão e os tigres asiáticos devem a Taylor toda sua ascensão no mundo globalizado de hoje, uma vez que os princípios da Administração Científica permitiram a esses países dotarem sua força de trabalho pré-industrial e de baixos salários com uma produtividade e uma qualidade de classe mundial.

Pode-se até dizer que a Administração Científica ganhou a Segunda Guerra Mundial para os Estados Unidos ao viabilizar a transformação, em menos de 90 dias, de sua força de trabalho composta por mulheres e antigos operários de idade avançada, em hábeis soldadores e construtores de navios (Drucker, 1993).

Esse aumento de produtividade permitiu ao trabalhador desfrutar de maiores salários, mais horas de lazer e melhor qualidade de vida do que em qualquer outra época da história. Assim, Taylor e sua Administração Científica ocupam um lugar de honra na história administrativa e econômica mundial, e muitos de seus princípios e métodos permanecem válidos em diversas áreas do trabalho humano.

# CAPÍTULO V – A BUROCRACIA

## 5.1 Max Weber

Max Weber – economista, sociólogo e filósofo alemão (1864-1920) – é uma figura central na história das ciências sociais. Participante da comissão que elaborou a Constituição da República de Weimar (1919), Weber rejeitou explicações simplistas e monocausais dos fenômenos sociais. Em sua obra seminal, **A Ética Protestante e o Espírito do Capitalismo** (1905), Weber defendeu a ideia de uma tendência à racionalização progressiva da sociedade moderna, fundamentando suas análises em extensos estudos de história comparativa. Ele é reconhecido como um dos autores mais influentes no estudo do surgimento e funcionamento do capitalismo e da burocracia.

Weber introduziu o conceito de tipos ideais, ferramentas metodológicas que permitem a melhor compreensão dos fenômenos sociais. Entre esses tipos, a burocracia se destaca como o ideal de organização racional, caracterizada por regras impessoais e uma estrutura hierárquica que busca a máxima eficiência e previsibilidade nas operações administrativas.

O termo burocracia deriva do francês *bureaucratie* (*bureau* = escritório), inicialmente significando o poder dos membros do aparato administrativo, estatal ou não. As primeiras burocracias rudimentares podem ser rastreadas até os impérios Assírio, Babilônico, Egípcio, Romano e Chinês, há mais de 4 mil anos. Contudo, foi com a Igreja Católica, que herdou a estrutura administrativa do Império Romano, que a burocracia começou a se desenvolver significativamente, tornando-se um paradigma administrativo global.

Weber diferenciou as antigas burocracias patrimoniais das modernas capitalistas. As patrimoniais eram menos eficientes, enquanto as burocracias capitalistas, segundo Weber, representavam a expressão máxima da racionalidade capitalista, adequando corretamente os meios aos fins. Esta visão, contudo, foi criticada por socialistas, que viam a burocracia como uma ameaça ao trabalhador, dado seu caráter relativamente autônomo e suas metas muitas vezes alheias aos interesses da classe trabalhadora.

Para compreender o desenvolvimento do modelo burocrático de organização, Weber classificou a sociedade e a autoridade em três tipos ideais:

| TIPO | SOCIEDADE | PODER |
|---|---|---|
| TRADICIONAL | Patriarcal (família, medieval) | Herdado (tradição, costume) |
| CARISMÁTICA | Personalista (partidos) | Delegável ("heroísmo") |
| BUROCRÁTICA | Normas impessoais | Meritório (regras, padrões) |

Com o surgimento do capitalismo, o desenvolvimento de uma economia cada vez mais monetizada e a crescente complexidade das tarefas administrativas, a burocracia encontrou condições ideais para seu crescimento, destacando-se por suas qualidades técnicas superiores como modelo de administração. James Burnham (1905-1987), sociólogo norte-americano, em sua obra **A Revolução**

**dos Gerentes** (1941), defendeu a tese de que a evolução do capitalismo levaria ao gerencialismo, um sistema no qual os tecnocratas deteriam o poder.

Weber continua a ser uma referência essencial para o estudo das organizações contemporâneas, ajudando a entender como as estruturas burocráticas moldam as dinâmicas sociais e econômicas no mundo atual. A relevância de suas teorias é evidente no contexto atual, onde a eficiência, a racionalidade e a organização sistemática são cruciais para o funcionamento das grandes corporações e instituições públicas.

## 5.2 Características da Burocracia

Neste tópico, a burocracia é discutida conforme a definição de Max Weber, que a considera a forma mais racional, lógica e eficiente de organização já concebida. Em uma burocracia ideal, não há espaço para suposições subjetivas, pois tudo é previsto em normas e regulamentos, constituindo a legislação escrita da organização.

A comunicação burocrática segue padrões rígidos, devendo ser sempre escrita e utilizar modelos e formulários específicos. A introdução de novas tecnologias, como o *e-mail*, reforça ainda mais o espírito burocrático, sendo um meio de comunicação escrito, registrado e padronizado, amplamente adotado pelas empresas modernas.

O trabalho é dividido de forma precisa, e os cargos são desenhados para regular minuciosamente o desempenho e o comportamento dos ocupantes. Os empregados são valorizados não por características pessoais, mas pelo cargo que exercem. Isso significa que indivíduos são identificados pelo cargo, não pelo nome, e a continuidade da organização independe das pessoas, pois os cargos são permanentes.

A hierarquia é inflexível e sempre respeitada, presente em todas as relações burocráticas. Esta hierarquia é reforçada pela meritocracia, segundo a qual a ascensão a cargos superiores baseia-se no conhecimento técnico e na competência reconhecida. Assim, a autoridade é conferida àqueles que demonstram maior entendimento técnico.

Os empregados são especialistas, e o administrador assume um papel central como o especialista burocrático, capaz de gerir o aparato administrativo com máxima eficiência. As regras e normas são essenciais para a organização burocrática, funcionando como formas de comunicação permanente e legitimando a autoridade, o poder, os padrões e as sanções.

A previsibilidade e a padronização do desempenho são a essência da burocracia. No entanto, ela enfrenta dificuldades quando confrontada com incertezas e mudanças rápidas, nem sempre reagindo a tempo.

Apesar das críticas, a burocracia oferece grandes vantagens, especialmente em grandes organizações empresariais modernas: uniformidade de procedimentos, racionalidade, estabilidade, menos conflitos interpessoais, decisões confiáveis baseadas em sucessos anteriores, promoções baseadas no mérito, adequação lógica dos meios aos fins e funcionalidade. Assim, a burocracia se mostra extremamente adequada para organizações grandes e complexas que operam em contextos de estabilidade.

## 5.3 Os Excessos Burocráticos

Apesar das vantagens anteriormente discutidas, as burocracias enfrentam sérios problemas organizacionais e têm uma tendência inerente a se tornarem fins em si mesmas. Há um perigo real de que normas e regulamentos adquiram caráter de dogma, tornando-se imutáveis e acima de qualquer crítica, análise ou atualização. O mundo e as pessoas mudam, mas as rotinas burocráticas frequentemente permanecem inalteradas, o que pode resultar em ineficiência e desatualização.

O excesso de papel é uma característica comum nas burocracias. Em algumas organizações, a produtividade dos subordinados é avaliada pela quantidade de papel gerada. Um arqueólogo que encontrasse uma típica organização burocrática no futuro poderia concluir que ela funcionava como uma fábrica de papel, dada a quantidade de documentação produzida.

A criatividade e a iniciativa individual são pouco valorizadas na burocracia típica, pois tudo já está previsto, e novas ideias são raramente apreciadas. A burocracia tende a priorizar a eficiência na execução de procedimentos fixos, muitas vezes em detrimento da satisfação das necessidades dos clientes.

O grande dilema da burocracia é superar suas disfunções que levam à ineficiência, contradizendo o objetivo das normas burocráticas. Portanto, a burocracia tem dificuldade em lidar com consequências não previstas de seu próprio modelo.

Max Weber não previu uma habilidade burocrática de adaptação à mudança. Contudo, em 1942, Philip Selznick (1919-2010) demonstrou que burocracias possuem uma capacidade adaptativa singular, especialmente quando a sobrevivência organizacional está em jogo. Dentro das burocracias, existe uma organização informal composta por relacionamentos humanos não previstos, que impulsionam mudanças e evitam a imutabilidade completa do sistema.

De fato, as empresas variam em grau de burocratização não sendo nenhuma absolutamente livre ou excessivamente burocratizada. A burocracia deve ser entendida como um conceito relativo, segundo o qual uma organização é mais ou menos burocrática em relação a outra tomada como padrão de comparação.

## 5.4 Conclusões

A maior fraqueza da Teoria Burocrática reside em sua tendência a focar internamente na organização, desconsiderando o ambiente externo. Isso leva a uma visão da organização como um sistema fechado e mecanicista, totalmente previsível e isolado, o que é impraticável na realidade. Weber não levou em conta a organização informal presente em todas as instituições.

Outra limitação do modelo burocrático é a restrição ao autodesenvolvimento e amadurecimento dos indivíduos. A falta de novos desafios e riscos assumidos pode levar ao comodismo, pois os funcionários acreditam que seguir estritamente as normas é suficiente para garantir sua estabilidade e aposentadoria.

Apesar dessas limitações, a burocracia tem sido fundamental para o desenvolvimento político, social e econômico da humanidade. Desde os primeiros grandes impérios até os dias atuais, a burocracia tem sido o único modelo efetivamente eficiente para organizar meios e alcançar objetivos complexos.

As críticas contemporâneas à burocracia geralmente se referem aos excessos burocráticos, não ao modelo em si. Confundir as disfunções burocráticas com a Teoria Burocrática é um erro comum, mas se trata de um modelo que tem se mostrado eficaz por mais de 4 mil anos, adaptando-se às necessidades de cada época.

Imaginar uma organização com 0% de burocracia – sem regras, padrões, hierarquia ou procedimentos claros – seria imaginar o caos. Tal organização seria incapaz de alcançar qualquer meta ou objetivo. A burocracia é essencial para a ordem e eficiência organizacional.

A ideia de que novas tecnologias e organizações virtuais estão eliminando as burocracias é equivocada. Um exemplo é a internet, que muitos consideram um substituto para a burocracia. No entanto, a internet opera com protocolos padronizados, velocidades de transmissão padronizadas, e comunicação escrita, todos elementos burocráticos. Além disso, assim como a burocracia, a internet possui hierarquia baseada em competências técnicas e busca máxima eficiência em comunicações, comércio e informação.

A burocracia não está desaparecendo, mas se adaptando às novas tecnologias do século XXI, como previu Philip Selznick (1919-2010), professor de sociologia e direito na Universidade da Califórnia, na década de 1940. A essência organizacional continua sendo burocrática, com variações no grau e na intensidade das normas. A burocracia é a melhor e talvez única maneira eficaz de organizar. Cabe ao Administrador dosar adequadamente a quantidade de burocracia, evitando tanto o excesso, que pode asfixiar a criatividade e a inovação, como a falta, que pode gerar desordem e desperdício. Como um medicamento, a burocracia deve ser administrada na dose certa para garantir a saúde e o sucesso da organização.

# CAPÍTULO VI – ABORDAGEM CLÁSSICA

## 6.1 Henri Fayol

Henri Fayol, engenheiro de minas francês, nascido em Constantinopla (atual Istambul, Turquia), em 1841, destacou-se pelo estudo da organização racional do quadro de pessoal nas grandes empresas buscando maior eficiência e produtividade. Suas ideias formam a doutrina administrativa conhecida como Fayolismo, que enfatiza a importância de bons gestores em qualquer organização ou atividade social.

Fayol foi diretor da metalúrgica *Société Anonyme de Commentry-Fourchambault et Decazeville* de 1888 a 1918, onde desenvolveu e aplicou suas teorias administrativas. Ele descreveu a administração como uma função compartilhada entre os líderes e os membros da organização, afirmando que: "A administração não é nem um privilégio nem uma carga pessoal do chefe ou dos diretores da empresa; é uma função que se reparte, como as outras funções especiais, entre a cabeça e os membros do corpo social" (Fayol, 1968, p. 21).

Fayol questionava a ausência de ensino formal de administração em sua época, pois acreditava que a capacidade administrativa podia e devia ser adquirida, tanto na teoria (escola) como na prática (oficinas). Ele argumentava que a formação administrativa era tão essencial quanto a formação técnica.

As ideias de Fayol demonstraram sua eficácia por meio dos resultados obtidos na *Société Anonyme de Commentry-Fourchambault et Decazeville*. Apesar dos desafios enfrentados ao assumir a gerência geral, Fayol conseguiu transformar a empresa, deixando-a em excelente condição de estabilidade quando se aposentou, em 1918. As contribuições de Fayol foram fundamentais para o desenvolvimento da teoria administrativa moderna, destacando a importância da formação e da competência administrativa para o sucesso das organizações.

## 6.2 As Funções Básicas da Empresa

Do ponto de vista de Fayol, toda empresa – fosse pequena fosse grande, simples ou complexa – teria seis funções básicas, que seriam:

1ª – Técnica: aquelas ligadas à fabricação de bens ou serviços, tais como produção, transformação etc.

2ª – Comercial: compra, venda, troca, permuta.

3ª – Financeira: todas relacionadas à procura e à gestão de capital.

4ª – Segurança: proteção e preservação de bens e de pessoas.

5ª – Contabilidade: inventários, balanços, custos, preços, estatísticas etc.

6ª – Administrativa: responsável pela integração das demais funções, por meio de previsão, organização, direção, coordenação e controle.

Segundo Fayol, administrar é prever, organizar, comandar, coordenar e controlar. Ele definiu ainda os termos da seguinte forma:

> a) Prever é perscrutar o futuro e traçar o programa de ação.
> b) Organizar é constituir o duplo organismo, material e social da empresa.
> c) Comandar é dirigir o pessoal.
> d) Coordenar é ligar, unir e harmonizar todos os atos e todos os esforços.
> e) Controlar é velar para que tudo o corra de acordo com as regras estabelecidas e as ordens dadas.

Não se deve confundir administração com direção, embora muitos o façam, mesmo no meio acadêmico e na vida profissional. Direção é conduzir a empresa tendo em vista os objetivos, procurando obter o máximo retorno dos recursos disponíveis, enquanto administrar é uma das seis funções cujo sucesso é garantido pela direção.

## 6.3 As Funções Administrativas

A previsão é essencial para o futuro da organização, permitindo que a empresa se prepare e planeje para enfrentar os desafios do mercado. Um plano eficaz deve ser flexível, abrangente e oferecer diversas alternativas de ação.

Organizar consiste em dotar a empresa de todos os elementos necessários, sejam eles materiais ou sociais, para seu perfeito funcionamento. Isso inclui o estabelecimento da forma e da estrutura organizacional, a alocação de recursos, a criação de órgãos e a definição de atribuições, responsabilidades e autoridade. É importante não confundir a organização como entidade social (empresa, associação de bairro, igreja, ONGs, hospitais, faculdades etc.) com a função administrativa de organizar.

O comando é o elemento que efetivamente faz a organização funcionar, envolve mandar e assegurar a obediência para obter o máximo de retorno dos empregados e recursos no menor tempo e custo possível, alinhado aos objetivos organizacionais.

A coordenação é responsável pela atuação conjunta e integrada de todos os órgãos, departamentos e pessoas, visando a um objetivo geral único. Sua função é harmonizar todas as atividades e facilitar o trabalho das pessoas pela sincronização entre coisas e ações, meios e fins.

O controle consiste na verificação sistemática e exaustiva para confirmar se tudo está ocorrendo conforme o planejado, e, caso contrário, adotar os ajustes necessários. Seu objetivo é identificar desconformidades, erros, falhas, problemas e fraquezas, corrigi-los e evitar sua recorrência. Em resumo, é comparar o desempenho com um padrão estabelecido e adotar medidas para manter ou ajustar os resultados alcançados a esse padrão.

Existe uma relação importante entre o nível hierárquico da organização e as funções e capacidades administrativas. Não se trata de comparar o valor de um operário com o de um diretor, mas de avaliar quais capacidades são mais importantes em cada nível hierárquico. Um diretor deve ter suas capacidades administrativas altamente desenvolvidas, pois sua rotina é administrar (integrar as capacidades de planejar, organizar, comandar, coordenar e controlar), enquanto um operário se concentra mais na execução, valorizando habilidades e conhecimentos técnicos.

Quanto mais alto o nível hierárquico, maior a exigência por capacidade administrativa, e quanto mais baixo o nível hierárquico, mais importantes se tornam as capacidades técnicas. As capacidades financeiras, comerciais, de segurança e contábeis são mais relevantes nos níveis médios e altos da hierarquia organizacional.

## 6.4 Princípios Gerais de Administração

Os princípios gerais de administração estabelecidos por Henri Fayol são normas que, segundo o autor, podem resolver todos os problemas organizacionais. Seguindo esses princípios, os administradores estarão mais aptos a exercer suas funções de planejar, organizar, comandar, coordenar e controlar. Os princípios são os seguintes:

1. Divisão do trabalho: baseia-se na especialização das tarefas e das pessoas para aumentar a produtividade e a eficiência. Quando um empregado realiza a mesma tarefa repetidamente, ele adquire maior habilidade, segurança e precisão.

2. Autoridade e responsabilidade: autoridade é o direito de dar ordens e ser obedecido, ela pode ser regimental (inerente à função) ou pessoal (derivada das capacidades individuais). Responsabilidade é a obrigação de cumprir o que foi ordenado.

3. Disciplina: é o respeito às normas e convenções vigentes, e consiste basicamente na obediência e na assiduidade dos empregados.

4. Unidade de comando: cada subordinado deve receber ordens de apenas um chefe. Se houver mais de uma pessoa com autoridade sobre o mesmo serviço, ocorre dualidade de comando, enfraquecendo a autoridade. Este princípio contraria o princípio de supervisão funcional de Taylor, que permitia múltiplos chefes para um único empregado.

5. Unidade de direção: ligado à unidade de comando, este princípio prevê um só chefe e um só plano para um conjunto de operações que visam ao mesmo objetivo. Sem unidade de direção (um chefe, um programa), não existe unidade de comando.

6. Subordinação do interesse particular ao interesse geral: os interesses da empresa devem prevalecer sobre os interesses grupais ou individuais. Para evitar conflitos de interesse, os chefes devem ser firmes, dar o exemplo e manter vigilância constante.

7. Remuneração do pessoal: a remuneração é o prêmio pelo serviço realizado e deve ser equitativa e satisfatória para empregados e empregadores. Fayol sugeria a participação nos lucros como uma alternativa para tornar a remuneração mais equitativa, embora não visse uma fórmula clara para sua implementação.

8. Centralização: as ordens e a autoridade devem emanar do topo da hierarquia. A questão de descentralizar mais ou menos depende de cada empresa e deve ser definida dentro de limites que favoreçam a organização.

9. Hierarquia: é a "série de chefes que vai da autoridade superior aos agentes inferiores"[2], com a autoridade fluindo do escalão mais alto para o mais baixo. Para agilizar comunicações, chefes podem autorizar subordinados

---

[2] FAYOL, H. **Administração industrial e geral**. São Paulo, Atlas, 1968.

a manterem relações diretas com subordinados de outros chefes, desde que as chefias estejam cientes das interações.

10. Ordem: significa que cada coisa e cada pessoa deve estar em seu lugar devido. Tudo na organização deve ter um lugar reservado, evitando a perda de tempo ao procurar por itens ou pessoas.

11. Equidade: para que os empregados tenham boa vontade, aplicação e comprometimento com suas tarefas, a administração deve tratá-los com benevolência e justiça.

12. Estabilidade do pessoal: a estabilidade no emprego permite desenvolver destreza, perícia e acurácia no trabalho. O tempo é necessário para que os trabalhadores desenvolvam suas aptidões. A administração japonesa fez desse princípio um de seus fundamentos.

13. Iniciativa: a iniciativa é a liberdade de conceber e executar um plano, garantindo seu sucesso. Propor e executar são elementos da iniciativa, que aumentam o zelo e o comprometimento dos empregados.

14. União do pessoal: a união faz a força, assim, deve haver um espírito de colaboração e cooperação entre os membros da organização, trabalhando em equipe para alcançar objetivos comuns.

## 6.5 A Cadeia de Comando e a Coordenação

James D. Mooney (1884-1957) – engenheiro norte-americano e executivo na General Motors, seguidor das ideias do Fayolismo – argumentava que a estrutura das modernas organizações industriais tem suas raízes nas antigas estruturas militares e eclesiásticas. As pessoas se organizam para alcançar um objetivo comum, o que requer coordenação de esforços para harmonizar e unir todas as atividades, distribuindo ordenadamente as responsabilidades do grupo. A cadeia hierárquica ou escalar é utilizada para facilitar essa coordenação, a qual está representada abaixo.

Figura 6.1 – A cadeia escalar ou de comando.

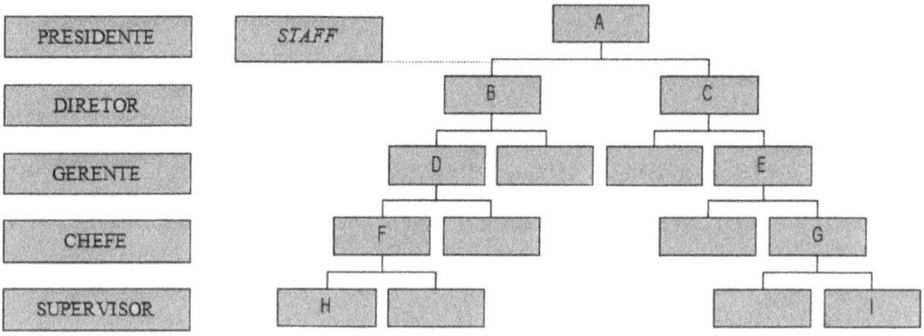

Fonte: Elaborada pelo autor.

Este tipo de organização linear baseia-se na unidade de comando e direção, centralização da autoridade e hierarquia. Os órgãos fora da cadeia hierárquica são chamados de assessoria ou *staff* e têm como objetivo fornecer serviços especializados aos órgãos de linha, oferecendo conselhos, recomendações, sugestões e consultoria, mas sem poder de mando.

## 6.6 Outros Autores

O coronel inglês Lyndall F. Urwick (1891-1983), também um estudioso da administração e consultor empresarial, considerou os seguintes princípios:

1º – Especialização: uma pessoa para uma única função.
2º – Autoridade: deve ser única, clara e definida.
3º – Amplitude: cada chefe deve ter um número limite de subordinados.

4º – Definição: tudo deve ser escrito e comunicado.

Além desses princípios, Urwick identificou os elementos da administração como investigação, previsão, planejamento, organização, coordenação, comando e controle.

Luther Gulick (1892-1993) – cientista político e professor de administração na Universidade de Columbia, nos EUA – afirmava que a divisão do trabalho e a especialização, sejam horizontais (tipos de atividades) ou verticais (de acordo com o nível de autoridade), eram a razão de ser das organizações. Ele definiu as funções do administrador como o Planejamento, a Organização, a Assessoria, a Direção, a Coordenação, a Informação e o Orçamento.

## 6.7 Conclusões

A Teoria Clássica da Administração, apesar de sua fundamentação na observação e no senso comum, possui um enfoque normativo e prescritivo, orientando os administradores sobre como proceder em diversas situações. Este enfoque resulta da visão comum aos autores clássicos, que acreditavam na necessidade de estudar e tratar a organização e a administração de maneira científica, substituindo o empirismo e a improvisação por técnicas científicas.

O extremo racionalismo dos teóricos clássicos concebe a organização como um sistema fechado, ideal para obter eficiência máxima em termos técnicos e econômicos, mas negligencia completamente o comportamento humano. Portanto, é uma teoria simplificada da organização, que permite aos iniciantes em administração uma compreensão satisfatória das relações formais e da lógica organizacional.

# CAPÍTULO VII – RELAÇÕES HUMANAS

## 7.1 Humanismo na Administração

A crise de 1929, conhecida como a Grande Depressão, junto a disseminação dos princípios democráticos no mundo ocidental e a Primeira Guerra Mundial, colocou em xeque os fundamentos da Administração Clássica. Os novos problemas enfrentados pelas organizações não podiam ser resolvidos apenas com os pressupostos de Taylor e Fayol. Esses eventos históricos revelaram as limitações das abordagens tradicionais e destacaram a necessidade de novos métodos e teorias administrativas que considerassem as diferenças individuais e as características pessoais como elementos importantes na dinâmica organizacional.

A Teoria das Relações Humanas – portanto – surgiu da compreensão de que era necessário adaptar o homem ao trabalho e o trabalho ao homem, considerando aspectos de comunicação, motivação, características pessoais e de personalidade. Essa teoria representa uma democratização da administração, uma tentativa de flexibilizar a rígida teoria administrativa vigente até então.

A Teoria das Relações Humanas marcou uma mudança significativa no campo da administração ao destacar a importância dos aspectos humanos nas organizações, diferentemente da abordagem mecanicista da Administração Clássica, que focava exclusivamente em eficiência e processos. Essa nova teoria trouxe uma perspectiva mais holística, reconhecendo que o sucesso organizacional depende tanto de fatores humanos como técnicos.

A democratização da administração, promovida por essa teoria, buscava criar ambientes de trabalho mais flexíveis e adaptáveis, mais bem alinhados às necessidades e às características dos trabalhadores. Com ela, veio o reconhecimento da importância da comunicação eficaz dentro da organização para melhorar a colaboração e a compreensão entre os membros da equipe e a ênfase na motivação dos trabalhadores como um fator crucial para aumentar a produtividade e a satisfação no trabalho.

## 7.2 A Experiência de Hawthorne

Em 1923, Elton Mayo conduziu uma pesquisa em uma indústria têxtil para investigar diversos sistemas de incentivo e sua relação com a produção. Ao contratar uma enfermeira e implementar intervalos de descanso para os trabalhadores, ele observou não só uma redução no número de ausências no trabalho, cerca de 80%, mas também aumento na produtividade.

No ano seguinte, em 1924, a Academia Nacional de Ciências dos EUA iniciou estudos para examinar a relação entre iluminação e produtividade, baseando-se nos princípios de Taylor.

Em 1927, o Conselho Nacional de Pesquisas iniciou uma experiência coordenada por Mayo em uma fábrica da Western Electric Company, localizada no bairro de Hawthorne, em Chicago, para investigar a relação entre iluminação e produtividade. Essa pesquisa se expandiu rapidamente para avaliar outros fatores, como fadiga, rotatividade e condições físicas do local de trabalho. Essa experiência, que durou até 1932, destacou a influência de fatores psicológicos no ambiente de trabalho e ficou conhecida como a Experiência de Hawthorne. Essa pesquisa foi dividida em quatro fases.

Na primeira fase, o objetivo era avaliar os efeitos da iluminação na produtividade dos funcionários. No entanto, os trabalhadores reagiram à experiência de acordo com suas convicções pessoais, evidenciando a presença de outros fatores que dificultavam seu isolamento e, consequentemente, interferiam na produtividade. Os empregados ajustavam sua produção de acordo com suas percepções sobre a iluminação, independentemente das condições reais. Mayo reconheceu a influência negativa dos fatores psicológicos e passou a investigar também os aspectos fisiológicos, como fadiga, descanso e horários de trabalho.

Na segunda fase da experiência de Hawthorne, realizada em abril de 1927, um grupo de teste foi selecionado, composto por uma mulher responsável pelo fornecimento do material e cinco outras encarregadas da montagem dos relés. Essas operárias foram regularmente informadas dos resultados e solicitadas a sugerir modificações no processo. Além disso, havia um supervisor e um observador presentes. Esta fase foi dividida em 12 períodos distintos.

No primeiro período – que durou duas semanas –, a produção de cada operária foi registrada em seu local original de trabalho, sem o seu conhecimento, estabelecendo-se assim a sua capacidade produtiva em condições normais de trabalho. A média resultante, de 2.400 unidades semanais por mulher, foi então comparada com a dos demais períodos.

Durante o segundo período, que se estendeu por cinco semanas, o grupo experimental foi isolado na sala de testes, mantendo-se as condições e o horário de trabalho normais. O ritmo de produção foi medido para verificar o efeito da mudança do local de trabalho.

No terceiro período, com duração de oito semanas, houve uma modificação no sistema de pagamento. No grupo experimental, o esforço de produção passou a influenciar diretamente no salário, resultando em um aumento na produção. No grupo de controle, composto por mais de 100 mulheres, a variação individual não afetava o salário devido à diluição na produção total.

No quarto período, foi introduzido um intervalo de descanso de cinco minutos pela manhã e outro à tarde, o que resultou em um novo aumento na produção.

No quinto período, os intervalos de descanso foram ampliados para 10 minutos cada, observando-se novamente um aumento na produção.

No sexto período, foram concedidos três intervalos de cinco minutos pela manhã e outros três à tarde. Notou-se que a produção não aumentou, e houve queixas das mulheres quanto à quebra do ritmo de trabalho.

No sétimo período, foram estabelecidos dois intervalos de 10 minutos, um pela manhã e outro à tarde, com a inclusão de um lanche leve. Houve um aumento na produção.

No oitavo período, mantendo-se as condições do período anterior, o grupo experimental passou a encerrar o trabalho às 16h30, em vez de 17h, resultando em um aumento na produção.

No nono período, o trabalho do grupo experimental passou a terminar às 16h em ponto, resultando em uma produção estável.

No 10º período, o grupo experimental voltou a trabalhar até as 17h, resultando em um aumento significativo na produção.

No 11º período, foi estabelecida uma semana de trabalho de cinco dias, com o sábado livre para o grupo experimental. A produção diária das mulheres continuou a subir.

No 12º período, que se estendeu por 12 semanas, retornaram-se às mesmas condições do terceiro período, retirando-se todos os benefícios concedidos durante a experiência, com a concordância das mulheres. Verificou-se que a produção atingiu um índice nunca antes alcançado (3 mil unidades). Embora as condições físicas de trabalho nos períodos 7, 10 e 12 fossem equivalentes, a produção aumentou de um período para outro. No entanto, no 11º período, os resultados não corresponderam às expectativas, indicando a necessidade de determinar quais fatores estavam verdadeiramente influenciando na produção.

Essa segunda fase da experiência de Hawthorne concluiu que as mulheres apreciavam trabalhar na sala de testes devido ao ambiente amistoso, à supervisão menos rigorosa e à permissão para conversar. Elas sentiam-se parte de algo importante e cooperavam entre si, o que levou ao desenvolvimento de liderança e objetivos comuns, mesmo após a substituição de algumas trabalhadoras.

Na terceira fase da experiência de Hawthorne, em 1928, os pesquisadores voltaram sua atenção para o estudo das relações humanas, iniciando um programa de entrevistas para melhor compreender os sentimentos e as atitudes dos funcionários. Um ano depois, foi estabelecida a Divisão de

Pesquisas Industriais, encarregada de entrevistar todos os funcionários, e, em 1931, foi adotado o sistema de entrevista não diretiva, no qual os funcionários tinham liberdade para expressar seus pensamentos.

As entrevistas revelaram uma organização informal entre os operários, criada para protegerem-se do que percebiam como ameaças da administração ao seu bem-estar. Essa organização informal se manifestou por meio do controle da produção pelos próprios operários, práticas de punição entre eles, expressões de insatisfação com o sistema de pagamento e incentivos por produção, preocupações com promoções, liderança informal, e sentimentos exagerados de contentamento ou descontentamento em relação aos seus superiores imediatos. Essa coesão informal gerava conflitos devido à lealdade tanto à empresa quanto ao grupo.

Na quarta fase, realizada na sala de montagem de terminais entre novembro de 1931 e maio de 1932, nove operadores, nove soldadores, dois inspetores, um observador dentro da sala e um entrevistador externo analisaram a organização informal. O pagamento era baseado na produção total do grupo, e os pesquisadores observaram diversas estratégias adotadas pelos funcionários para manter a produção dentro de níveis considerados normais por eles. Quando produziam mais em um dia, relaxavam no seguinte, ou fingiam realizar um trabalho complexo para controlar o ritmo e a quantidade de produção. Sempre havia um líder informal e um acordo implícito para produzir apenas o mínimo necessário para atingir o salário desejado.

As experiências em Hawthorne permitiram à administração compreender que o aumento da produção estava afetando a cooperação natural entre os funcionários, e que a colaboração nas organizações não podia ser deixada ao acaso. Além disso, confirmou-se que o trabalho é uma atividade grupal e que o grupo é fundamental para a produtividade, uma vez que o trabalhador age não apenas como um indivíduo isolado, mas como membro de um grupo. Para alcançar o sucesso, a organização precisa de uma administração capaz de compreender e se comunicar eficazmente com aqueles que executam o trabalho, já que as necessidades de pertencimento e reconhecimento no grupo são motivadores fundamentais para o ser humano.

## 7.3 O Comportamento Humano

Os resultados da experiência de Hawthorne chamaram a atenção de muitos outros cientistas sociais e comportamentais, que direcionaram seus estudos para compreender as motivações por trás das ações humanas, no contexto organizacional e nas relações sociais mais amplas.

Um exemplo disso é a Teoria de Campo de Kurt Lewin (1890-1947), psicólogo norte-americano de origem alemã, desenvolvida em 1935. Essa teoria explica o comportamento humano como o resultado de um conjunto de fatores coexistentes, que formam um campo de forças dinâmico e inter-relacionado. Assim, o comportamento de uma pessoa é influenciado não apenas por suas experiências passadas, mas também pelo ambiente psicológico presente.

É importante destacar que cada indivíduo percebe o ambiente de maneira única, de acordo com suas percepções, seus valores e seus paradigmas. Nesse sentido, as necessidades humanas geram uma tensão, atuando como uma força que impulsiona o indivíduo a adotar determinados comportamentos.

Ademais, é fundamental reconhecer que o comportamento individual ou grupal não pode ser plenamente compreendido sem considerar a influência da organização informal. Essa questão será explorada mais adiante.

## 7.4 A Organização Informal

Os estudos realizados em Hawthorne também possibilitaram a descoberta de outra forma de organização, que coexistia dentro da estrutura da organização formal, reconhecida como a empresa. Essa nova e surpreendente forma de organização, conhecida como organização informal, era composta por interações pessoais, agrupamentos de pessoas e contatos que não se limitavam aos cargos, às tarefas, à hierarquia ou aos departamentos estabelecidos na empresa.

Chester Barnard (1886-1961) – presidente da New Jersey Bell e pesquisador em liderança – definiu a organização informal como um conjunto de contatos e interações pessoais, envolvendo desde pequenos grupos até multidões, podendo variar entre relações amigáveis e hostis, sendo tanto acidentais quanto incidentais. A organização informal exerce uma influência significativa no moral e na atitude das pessoas, estendendo-se além do ambiente de trabalho e acompanhando os indivíduos em suas vidas pessoais.

Na realidade, as organizações formais e informais estão tão entrelaçadas que é impossível concebê-las de forma isolada. Elas parecem viver em uma simbiose perfeita, nutrindo-se mutuamente como um organismo funcional único. Quando ocorre algum desequilíbrio, é comum perceber um conflito entre elas, levando à deterioração da organização como um todo. De fato, todas as organizações formais têm suas origens em contatos informais, assim como as organizações informais se originam de interações dentro ou a partir de uma estrutura formal, tornando-se difícil determinar qual delas surgiu primeiro.

A compreensão adequada dessas duas dimensões organizacionais é fundamental para a Administração. Na organização informal, a cooperação é espontânea e eficaz, permitindo que as pessoas interajam de forma autêntica e expressem sua criatividade e iniciativa. No entanto, na organização formal estão estabelecidos os padrões, as metas, os objetivos e os recursos necessários para realizar o trabalho que beneficia a sociedade.

## 7.5 Conclusões

O comportamento individual é grandemente influenciado pelas normas e pelos valores estabelecidos pelos grupos, criando uma interdependência entre a produção e a integração social. Quanto mais integrado estiver um indivíduo em um grupo, maior será sua disposição para produzir.

De fato, algumas mudanças de comportamento individual só podem ser alcançadas quando o grupo atua como agente de transformação organizacional. É mais viável que o grupo influencie as pessoas do que as empresas alterem seus empregados.

Os incentivos financeiros e materiais não são os principais impulsionadores da motivação, uma vez que as recompensas e punições sociais são os verdadeiros determinantes do desempenho do trabalhador. A organização é composta por indivíduos que interagem de forma espontânea, possuindo sentimentos e emoções uns pelos outros, e cujas ações são mais influenciadas pelos relacionamentos interpessoais do que pela estrutura formal da organização.

A Teoria das Relações Humanas reconhece que a natureza e o conteúdo do trabalho exercem uma grande influência sobre o moral dos trabalhadores, e que elementos emocionais não planejados e irracionais do comportamento humano também podem afetar diretamente a produtividade e o desempenho do trabalhador.

# CAPÍTULO VIII – LIDERANÇA, COMUNICAÇÃO E CONFLITOS

## 8.1 Consequências do Humanismo na Administração

A experiência de Hawthorne – conduzida nas décadas de 1920 e 1930 – trouxe à tona a importância crucial dos fatores humanos na administração. A partir dessas pesquisas, a organização passou a ser vista não apenas como um sistema técnico e mecânico, mas como um conjunto de seres humanos que necessitam ser motivados, incentivados e estimulados a produzir em alinhamento com os objetivos e das metas da empresa.

Reconheceu-se que os indivíduos dentro da organização possuem também seus próprios objetivos e metas, que devem ser harmonizados com os da empresa para a qual trabalham. Ficou evidente que as pessoas não são máquinas, elas possuem um potencial significativo a ser explorado. Além disso, o fator psicológico foi identificado como determinante tanto para a produtividade quanto para a satisfação dos trabalhadores.

Essa nova perspectiva levou os pesquisadores da Administração a se preocuparem com aspectos "intangíveis" da organização, tais como liderança, comunicação, motivação e organização informal. O objetivo era compreender melhor o comportamento humano no ambiente de trabalho, buscando respostas mais completas e eficazes para os problemas organizacionais.

Na era contemporânea, essas lições continuam a ser fundamentais, pois, com a crescente complexidade das organizações e a integração de tecnologias avançadas, como a inteligência artificial e a automação, a ênfase nos fatores humanos se torna ainda mais relevante. As empresas devem equilibrar a adoção de novas tecnologias com a necessidade de manter e promover um ambiente de trabalho onde a motivação e o bem-estar dos colaboradores sejam prioritários. A gestão eficaz requer uma abordagem holística que considere tanto os aspectos técnicos quanto os humanos da organização, garantindo que os objetivos individuais e organizacionais estejam alinhados para o sucesso sustentável.

## 8.2 Liderança

Liderança é um conceito fundamental e complexo na Administração, especialmente relevante na atualidade. Liderar envolve conseguir que as pessoas certas realizem as tarefas certas, no momento certo, de maneira eficaz, essencialmente administrando com sucesso. Um líder eficaz deve ser um excelente comunicador e profundo conhecedor dos processos de motivação humana, pois sua principal tarefa é interagir com as pessoas. Liderar implica comunicar e motivar.

A liderança pode ser entendida de várias maneiras: como qualidades pessoais, uma função ligada à autoridade formal da organização, um conjunto de atitudes em uma situação específica, ou um comportamento contingencial, entre outras. Liderança só existe em um contexto grupal, em que um indivíduo é reconhecido por um grupo como capaz de satisfazer suas necessidades ou expectativas.

Ademais, liderança e poder são conceitos interligados, pois o líder exerce influência sobre as pessoas. Esse poder, a capacidade de influenciar o comportamento dos outros, pode ou não ser concretizado. Quando uma organização confere poder a alguém, está investindo essa pessoa de autoridade, que é um poder legítimo reconhecido socialmente; contudo, a liderança de fato pode ser exercida por líderes informais, independentemente do poder formal.

O caráter incontrolável da liderança a torna um tema amplamente estudado na administração. As empresas podem designar gerentes e supervisores com autoridade, mas a verdadeira liderança deve ser conquistada. Muitas vezes, aqueles dotados de autoridade não conseguem se afirmar como líderes, mostrando que a liderança é independente da vontade da organização e de seu poder legalmente reconhecido.

Existem várias teorias sobre liderança. A teoria dos traços de personalidade sugere que certas qualidades pessoais distinguem os líderes, como inteligência, decisão e empatia. Porém, essa teoria ignora fatores situacionais e as características dos liderados, que influenciam significativamente os resultados da liderança.

De acordo com a teoria dos estilos de liderança, há diferentes maneiras de orientar o comportamento dos subordinados:

a) Autocrática: o líder decide e impõe suas decisões com pouca participação do grupo.

b) Liberal: o grupo toma as decisões com mínima intervenção do líder.

c) Democrática: as decisões são tomadas por consenso grupal, com ampla análise e debate conduzidos pelo líder.

**Figura 8.1** – Estilos de liderança em um contínuo.

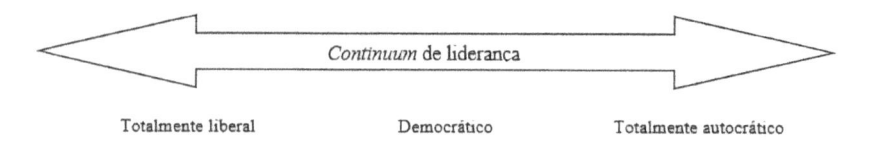

```
<─────────────── Continuum de liderança ───────────────>
Totalmente liberal         Democrático         Totalmente autocrático
```

Fonte: Elaborada pelo autor.

Líderes eficazes costumam adaptar seu estilo de liderança à situação e ao perfil dos liderados, não havendo um estilo melhor ou pior, mas sim mais ou menos adequado a determinados objetivos e contextos. A eficácia da liderança está na capacidade de adotar o estilo certo na ocasião certa, movendo-se frequentemente ao longo de um *continuum* de liderança.

Para selecionar o estilo de liderança apropriado, o líder deve considerar a tarefa, as características dos subordinados, a cultura organizacional, o contexto social e político, o grau de confiança no grupo, as experiências anteriores, as restrições de tempo e custo, entre outros fatores relevantes. Para tarefas complexas, um estilo mais liberal pode ser adequado, enquanto para as mais simples e rotineiras um estilo autocrático pode ser eficaz. No entanto, essa regra não é fixa, e a questão dos estilos de liderança permanece controversa, pois um líder pode adotar diversos estilos ao longo de um mesmo trabalho.

## 8.3 Comunicação

Sem comunicação não há como exercer liderança ou alcançar qualquer objetivo organizacional, por mais simples que seja. A capacidade de comunicação nos define como seres humanos e, na administração, é essencial para se tornar um líder ou gestor eficaz. Comunicação é fundamental; como dizia o comunicador de massa Chacrinha, "quem não se comunica, se trumbica".

A importância da comunicação é frequentemente ilustrada por professores de oratória. Uma mesma frase pode ter significados totalmente diferentes, dependendo da ênfase na palavra destacada. Considere o seguinte exemplo:

> **Eu** não disse que ele roubou o dinheiro (quem foi que disse?).
> Eu não **disse** que ele roubou o dinheiro (o que você disse?).
> Eu não disse que **ele** roubou o dinheiro (quem roubou?).
> Eu não disse que ele **roubou** o dinheiro (o que ele fez com o dinheiro?).
> Eu não disse que ele roubou o **dinheiro** (o que ele roubou?).

Comunicar-se é assegurar que as pessoas compreendam perfeitamente o que se quer dizer. No contexto organizacional, o objetivo da comunicação é fornecer a informação e a compreensão necessárias para que as pessoas executem suas tarefas de maneira eficaz. A comunicação eficaz promove espírito de equipe, cooperação e motivação.

Para que uma pessoa desempenhe bem suas funções, é crucial que ela compreenda os padrões de desempenho, os objetivos da tarefa e o processo, e que haja comunicação eficaz entre ela e sua chefia. Devido a essa importância, a comunicação deve ser uma das principais prioridades de um líder ou gestor.

A complexidade da comunicação aumenta porque não existe uma forma única ideal de se comunicar. O administrador deve encontrar a melhor maneira de transmitir a mensagem, garantindo que ela seja compreendida pelo interlocutor. Isso pode envolver o uso de jargões, gírias, termos técnicos e métodos de apresentação variados.

Além disso, a comunicação não é unidirecional; ela deve fluir de cima para baixo e de baixo para cima. Para isso, o administrador deve ser versátil e adaptável, dominando diversas formas de comunicação para interagir efetivamente com subordinados e superiores.

Em tempos de rede social, a comunicação na administração também se beneficia de avanços tecnológicos, como ferramentas de comunicação digital e plataformas colaborativas. Essas tecnologias facilitam a troca de informações em tempo real e a coordenação de equipes distribuídas geograficamente, reforçando ainda mais a importância de uma comunicação eficaz para o sucesso organizacional.

## 8.4 Conflitos

Onde há pelo menos duas pessoas, existe a possibilidade de surgirem conflitos, definidos como divergências de interesses ou opiniões. No ambiente de trabalho, os conflitos adquirem uma dimensão muito mais complexa, pois envolvem diversos interesses nem sempre fáceis de conciliar (patrões, empregados, sindicatos etc.).

Uma constatação se faz necessária: o conflito é inevitável. Cabe ao Administrador não tentar impedi-lo, mas gerenciá-lo de maneira eficaz. Seis maneiras de solucionar um conflito podem ser identificadas:

- Imposição: o mais forte impõe seu ponto de vista ao mais fraco, que aceita por medo ou receio. Este é um método autoritário que não resolve o conflito, apenas o oculta temporariamente, podendo ressurgir com força redobrada.

• Barganha: trata-se de uma troca de interesses, na qual cada lado concorda em fazer concessões. Novamente, o conflito não é resolvido, apenas suavizado, pois os interesses continuam em parte contrariados. Esta situação é comum quando há um equilíbrio de forças entre os contendores.

• Integração: é a única forma de resolver completamente um conflito, e só pode ocorrer quando todas as partes envolvidas têm maturidade suficiente para agir com lealdade, sinceridade e transparência, buscando em conjunto uma solução inovadora que atenda plenamente às expectativas de todos, mesmo que seja necessário alterar as regras do jogo.

• Fuga: nesta abordagem, os indivíduos ou grupos envolvidos no conflito optam por ignorar ou evitar o problema, esperando que ele se resolva por si só, ou desapareça com o tempo. Embora essa estratégia possa ser útil em situações de baixo impacto, ou quando as emoções estão muito acirradas, geralmente não resolve o conflito subjacente e pode resultar em ressentimentos acumulados.

• Acomodação: nesta estratégia, uma das partes cede aos desejos ou demandas da outra, sacrificando seus próprios interesses para manter a harmonia ou evitar um confronto. Embora isso possa ser eficaz em situações de curto prazo ou para preservar relacionamentos, a acomodação constante pode levar a frustrações e sentimento de injustiça.

• Compromisso: semelhante à barganha, o compromisso envolve concessões mútuas, mas com um enfoque maior em encontrar um meio-termo aceitável para ambas as partes. Embora o conflito não seja totalmente resolvido, o compromisso pode ser uma solução pragmática que permite avançar, especialmente quando o tempo é um fator crítico.

Cada uma dessas estratégias tem seus méritos e limitações, e a escolha da abordagem adequada depende do contexto específico do conflito, das personalidades envolvidas e dos objetivos organizacionais. Um bom administrador deve ser capaz de avaliar a situação e aplicar a estratégia de resolução de conflitos mais adequada para promover um ambiente de trabalho harmonioso e produtivo.

Os conflitos são uma característica inerente ao relacionamento humano e devem ser encarados como algo positivo, pois impulsionam o desenvolvimento de novas ideias, soluções, alternativas e melhores métodos de trabalho. Portanto, o Administrador deve enfrentar os conflitos e procurar resolvê-los da melhor forma, preferencialmente por integração, agregando valor à organização e garantindo sua sobrevivência.

## 8.5 Conclusões

A Teoria das Relações Humanas e suas consequências mostraram aos Administradores um amplo leque de variáveis a serem exploradas para obter melhores resultados organizacionais. No entanto, esses conhecimentos têm gerado inúmeros problemas, incluindo questões éticas relacionadas à forma como são utilizados pela Administração. Há o risco real de utilizar relações humanas para manipular o comportamento dos grupos e das pessoas com objetivos não declarados, refletindo uma visão de capitalismo selvagem: fazer o empregado produzir cada vez mais, ganhando cada vez menos.

Infelizmente, esse viés manipulativo é mais comum do que se imagina. Muitas empresas utilizam incentivos sociais e "tapinhas nas costas" com o único objetivo de obter maiores resultados sem realmente visar a uma melhor qualidade de vida para os funcionários, evitando, assim, investimentos monetários diretos. É essencial compreender que relações humanas existem para melhorar o ambiente de trabalho e a integração, o que, por consequência, resulta em maior produtividade e qualidade. O objetivo primordial deve ser o ser humano.

Atitudes hipócritas como as de convidar a equipe para um churrasco de fim de semana custeado pela empresa para conseguir maior comprometimento e, na segunda-feira seguinte, adotar práticas desonestas, não geram melhores resultados. O trabalhador de hoje não é tolo e percebe quando está sendo usado. Se a empresa adota essa postura, ela perde gradualmente a confiança e a lealdade de seu mais importante recurso: as pessoas.

A Administração deve estar consciente de que as relações humanas só funcionam se as premissas para a solução de um conflito por integração estiverem presentes: maturidade, sinceridade e transparência. Um relacionamento honesto entre força de trabalho e Administração é o ponto de partida para um desenvolvimento sustentável a longo prazo, alinhando objetivos pessoais e empresariais para um sucesso comum.

# CAPÍTULO IX – ABORDAGEM ORGANIZACIONAL

## 9.1 A Teoria Estruturalista

A forte oposição entre as ideias e os conceitos de relações humanas e da teoria clássica, incluindo a Administração Científica, levou os estudiosos da Administração a formularem um novo referencial teórico capaz de abranger tanto os aspectos humanos quanto os inerentes à tarefa. Assim, surgiu o estruturalismo, como uma tentativa de compreender a organização como um todo social complexo.

O Estruturalismo (do latim *structura*, arranjo, disposição, construção) é uma corrente de pensamento que se desenvolveu inicialmente com o método de investigação estrutural aplicado aos estudos linguísticos. Em 1916, Ferdinand de Saussure, linguista suíço, desenvolveu um procedimento teórico que consistia em entender a língua como uma estrutura: um conjunto de elementos que estabelecem relações formais.

Com o tempo, o estruturalismo passou a ser um método comum às Ciências Sociais, pois apreende os fatos novos como uma prática e não como um objeto ou conceito isolado, mas principalmente como uma totalidade (estrutura) que possui um sentido intrínseco. Nesse contexto, os elementos só se definem em referência aos outros ou ao todo, em seu lugar e em sua ordem ou série de funcionamento. Em outras palavras, é a maneira pela qual as partes de um todo estão dispostas entre si, designando – ao mesmo tempo um conjunto – as partes desse conjunto e as relações entre elas.

Ao aplicar esse conceito à Administração, pode-se observar que nossa sociedade, como a conhecemos hoje, é composta de inúmeras organizações, cada uma desempenhando um papel diferente na comunidade. Cada um de nós – por sua vez – exerce também múltiplos papéis nas diversas organizações das quais participamos. Nossa sociedade é muito maior que a simples soma de suas partes (organizações), assim como a soma dos esforços individuais dentro de uma organização produz um resultado muito maior do que o que seria matematicamente esperado, em um efeito denominado sinergia.

Em face desse ecletismo, a Teoria Estruturalista na Administração foi capaz de realizar uma análise muito mais ampla e complexa do que as teorias anteriores, ao considerar simultaneamente os princípios científicos, burocráticos e clássicos no estudo e na compreensão das organizações de uma forma geral, e não apenas das fábricas e indústrias que, até então, eram os objetos predominantes no estudo da Administração.

Essa abordagem permitiu aos teóricos e práticos da Administração entenderem melhor as dinâmicas internas das organizações, suas interações com o ambiente externo e as complexas redes de relações que influenciam o comportamento organizacional. Além disso, o estruturalismo destacou a importância de se considerar a organização como uma totalidade integrada, onde a interação entre os diversos elementos e suas inter-relações são fundamentais para o sucesso organizacional.

## 9.2 Organizações

No conceito estruturalista, as organizações são vistas como sistemas complexos cujos elementos fundamentais lhes conferem coerência e características permanentes. As organizações existem para atender necessidades humanas que, de outra forma, não poderiam ser satisfeitas. À medida que o ser humano evolui, suas necessidades se tornam cada vez mais complexas; as organizações, por sua vez, acompanham essa complexidade.

No passado, quando vivíamos em árvores, uma fruta pela manhã e outra à tarde eram suficientes para nos satisfazer completamente, pois nossas necessidades eram simples. Hoje, além da alimentação, precisamos de conforto espiritual, computadores velozes, carros confortáveis, lazer qualificado, educação elevada, segurança, saúde para desfrutar de pelo menos 100 anos de vida e muitas outras coisas que apenas grandes e complexas organizações podem nos oferecer. Por isso, diz-se que vivemos em uma "sociedade de organizações".

Amitai Etzioni – sociólogo norte-americano de origem alemã (Colônia, 1929-2023) – elaborou uma teoria dinâmica da organização em que destacou as mudanças que caracterizam as organizações em nossa sociedade, classificando-as segundo suas etapas de desenvolvimento:

Quadro 9.1 – Etapas de desenvolvimento das organizações.

| ETAPA | DESCRIÇÃO |
|---|---|
| Da natureza | Necessidades atendidas diretamente pela natureza. |
| Do trabalho | Transformação da natureza pelo trabalho. |
| Do capital | Subordinação da natureza e do trabalho ao capital. |
| Da organização | Subordinação do capital, do trabalho e da natureza às organizações. |

Fonte: Etzioni (1974).

Devido à escassez de recursos, são as organizações que determinam a melhor forma de alocá-los para a produção de bens e serviços necessários à satisfação das necessidades humanas. Nós, seres humanos, entretanto, devemos ser flexíveis, adaptáveis e tolerantes para podermos fazer parte das organizações que compõem nossa sociedade.

Na análise das organizações, é fundamental considerar tanto a sua dimensão formal quanto a informal, buscando-se um equilíbrio entre os seus elementos racionais e não racionais. Por exemplo, na questão das recompensas, verifica-se que tanto as monetárias quanto as sociais são de extrema importância para manter elevados o moral e a motivação. Isto porque, em cada nível hierárquico, um tipo de recompensa assume maior relevância. Quanto mais próximo ao chão de fábrica, maior a importância das recompensas salariais ou monetárias. À medida que se escala degraus na escala hierárquica, outras formas de recompensas adquirem maior significado.

Além disso, reconhece-se a existência de dois modelos sistêmicos – simultaneamente – nas organizações: o fechado e o aberto. O modelo fechado foca nas tarefas e nos processos internos, caracterizados pela previsibilidade e certeza. O modelo aberto – por sua vez – considera a interdependência da organização com o ambiente, destacando a incerteza e a imprevisibilidade como características mais significativas.

Esses modelos refletem a complexidade das organizações modernas e a necessidade de uma abordagem integrada para gerenciar eficazmente tanto os fatores internos quanto os externos, que influenciam o desempenho organizacional.

## 9.3 Tipos de Organizações

As organizações, apesar de extremamente diferentes e diversificadas, possuem algumas características comuns que permitem que sejam classificadas de acordo com critérios predeterminados, facilitando seu estudo e sua compreensão.

Amitai Etzioni – por exemplo – classificou as organizações conforme as variáveis de poder, controle, ingresso, comportamento e motivação, conforme o quadro a seguir:

Quadro 9.2 – Classificação das organizações.

| VARIÁVEL/TIPO | COERCITIVA | NORMATIVAS | UTILITÁRIAS |
|---|---|---|---|
| PODER | Coercitivo | Normativo | Remunerativo |
| CONTROLE | Recompensas e punições | Moral | Financeiro/monetário |
| INGRESSO | Medo, imposição | Crença e ideologia | Interesse |
| COMPORTAMENTO | Alienado | Moral | Interesseiro |
| MOTIVAÇÃO | Punições | Autossatisfação | Vantagens |

Fonte: Etzioni (1974).

Peter M. Blau e Richard W. Scott, sociólogos norte-americanos, por sua vez, classificaram as organizações com base no beneficiário principal.

Quadro 9.3 – Beneficiários principais das organizações.

| TIPO | BENEFICIÁRIO PRINCIPAL |
|---|---|
| Benefícios mútuos | Os próprios membros (sindicatos) |
| Comerciais | Donos |
| Serviços | Clientes |
| Estatais | O público em geral |

Fonte: Blau; Scott (1977).

– Organizações de Benefícios Mútuos: os principais beneficiários são os próprios membros da organização, como em associações profissionais, cooperativas, sindicatos, fundos mútuos etc.

– Organizações de Interesses Comerciais: neste tipo, os principais beneficiários são os proprietários ou acionistas da organização, como na maioria das empresas privadas.

– Organizações de Serviços: os principais beneficiários são os clientes e a sociedade em geral; fazem parte deste grupo hospitais, universidades, escolas, organizações religiosas e agências sociais.

– Organizações de Estado: o principal beneficiário é o público em geral; são exemplos a organização militar, os correios, a instituições jurídicas e penais, a segurança pública etc.

Essa tipologia desenvolvida por Blau e Scott enfatiza a força e a influência dos diferentes grupos de interesse (beneficiários) sobre a estrutura e os objetivos das organizações.

Essas classificações são limitadas e consideram apenas uma única dimensão organizacional, insuficientes para abarcar toda a complexidade das organizações modernas. Portanto, cabe ao Administrador verificar dentro da taxonomia organizacional qual a classificação que melhor atende às suas necessidades ou que melhor identifica sua organização-alvo. Uma classificação é importante, se não para uma compreensão mais ampla, pelo menos para facilitar o estudo e a pesquisa. Um bom exercício de análise e reflexão é elaborar sua própria classificação de organizações e verificar até que ponto ela é adequada.

Independentemente da classificação, pode-se afirmar que qualquer organização só existe em função de seus objetivos, definidos como algo que se quer alcançar ou o ponto a que se quer chegar. São os objetivos da organização que lhe dão direção, padrões e medidas. Organizações que buscam apenas sobreviver mantém o *status quo*. O ideal é que a organização tenha objetivos que lhe permitam buscar eficiência e crescimento sustentável a longo prazo.

### 9.4 Relações Interorganizacionais e Ambiente

Para os estruturalistas, o ambiente engloba tudo o que está externo à organização e é composto pelas diversas outras organizações que formam a sociedade. A interdependência entre as organizações implica uma relação de influência mútua em diversos níveis e graus de profundidade.

O relacionamento entre as organizações pode assumir diferentes posturas estratégicas, tais como competição, negociação, cooptação, coalizão, fusão, aliança, parceria e rivalidade.

O conflito entre organizações deve ser encarado como algo natural e rotineiro, diretamente ligado ao processo de mudança, desenvolvimento e melhoria organizacional. Mesmo quando indesejável, o conflito gera inovação e crescimento organizacional, pois impulsiona a criatividade e a ação empreendedora. Assim como o ser humano, a organização tem dificuldade em aceitar a mudança e só aceita mudar quando instigada por conflitos ou ameaças.

É importante ressaltar que as fontes de conflitos não se encontram apenas no ambiente externo, mas também no ambiente interno, gerados por divergências reais ou supostas de interesses entre os componentes da própria organização. Um conflito comum nas organizações é entre a autoridade hierárquica e a autoridade técnica: quem deve mandar mais, o chefe que detém o poder formal ou o técnico que, subordinado, detém autoridade conferida pelo seu conhecimento? Esse conflito nem sempre é resolvido de forma racional. Dependendo da especialização da organização, esse conflito tende a ser resolvido de maneiras diferentes e nem sempre no melhor interesse da organização.

Algumas situações representam verdadeiros dilemas organizacionais, como o dilema entre a centralização e a iniciativa individual: ao centralizar, tolhe-se a iniciativa individual, e, ao incentivar a iniciativa do funcionário, é necessário descentralizar. Existem outros dilemas e conflitos que fazem parte tanto do ambiente organizacional interno quanto do externo, exigindo soluções equilibradas e estratégicas para garantir o sucesso e a sustentabilidade da organização.

## 9.5 Organopatias

Diversos autores de difícil classificação teórica são considerados estruturalistas por falta de uma abordagem que melhor exprima suas linhas de pensamento. Entre esses, alguns adotaram uma postura crítica e sarcástica às organizações. Embora utilizem humor e cinismo em suas críticas, suas observações são extremamente pertinentes e sagazes.

Cyril Northcote Parkinson, por exemplo, afirma que, nas organizações, quanto mais tempo se tem, mais trabalho aparece. Ele observa que há uma propensão natural das organizações de criar trabalho apenas para manter as pessoas ocupadas, mesmo que seja trabalho inútil. O objetivo é justificar a permanência dos empregados em seus postos. Da mesma forma, ele critica a gerência por sempre encontrar tarefas para seus subordinados, independentemente da real necessidade. Parkinson também destaca que as organizações tendem a dedicar mais tempo a questões triviais do que a assuntos realmente importantes. Em muitas empresas, o tempo gasto em reuniões com discussões úteis é menor do que o tempo gasto com conversas paralelas, atrasos e pausas para café. Além disso, ele observa que gerentes ruins geralmente se cercam de subordinados ainda mais incompetentes.

Laurence J. Peter e Raymond Hull defendem que, nas organizações, as pessoas ascendem na hierarquia até o limite de sua própria incompetência. Isso significa que um empregado que ocupa um determinado cargo há algum tempo é provavelmente incompetente para assumir uma posição superior. Nesse sistema, os competentes são "punidos" com a exclusão do quadro funcional, enquanto os incompetentes permanecem em suas posições.

C. B. Thompson, por sua vez, argumenta que todo chefe tem um viés heroico, desejando parecer abnegado e superior. Para isso, age como verdadeiro ator, dramatizando situações e manipulando o sistema de informações.

Antony Jay, inspirado pela leitura de **O Príncipe**, de Maquiavel, identifica nas organizações um relativismo moral, onde os fins justificam os meios. Ele observa que interesses pessoais, cinismo e oportunismo permeiam todas as relações organizacionais.

Scott Adams, criador dos personagens Dilbert e Gatoberto, embora ainda não seja oficialmente reconhecido como um autor de livros sobre administração de empresas, adota uma abordagem crítica semelhante. Como cartunista, Adams utiliza humor e senso crítico para fazer duras críticas às organizações e à maneira como elas tratam as pessoas.

## 9.6 Conclusões

O estruturalismo representou um avanço significativo na teoria administrativa, ao ampliar a análise para todos os tipos de organizações e ao tentar conciliar princípios clássicos e de relações humanas em uma abordagem mais abrangente e completa. No entanto, seus autores pecam um pouco pelo exagero e pela crítica focada excessivamente em problemas, quase esquecendo outros aspectos organizacionais igualmente importantes.

De qualquer forma, é importante reconhecer que o estruturalismo foi uma abordagem de transição que abriu as portas da Administração para a Teoria de Sistemas e seus desdobramentos. A análise estruturalista permitiu um entendimento mais profundo das organizações como sistemas complexos e interdependentes, preparando o terreno para teorias futuras que consideram a dinâmica organizacional de forma ainda mais integrada e holística.

# CAPÍTULO X – ABORDAGEM SISTÊMICA

## 10.1 A Teoria dos Sistemas

Durante a Segunda Guerra Mundial, especialistas do exército norte-americano aplicaram seus conhecimentos na concepção de servomecanismos capazes de guiar mísseis e foguetes, corrigindo automaticamente seu rumo e sua direção até atingir um alvo. Este desenvolvimento foi conduzido por um calculador de tiro que executava as correções necessárias.

O esforço considerável realizado por físicos, engenheiros, biólogos, químicos, economistas, entre outros, continuou após a guerra sob a coordenação de Norbert Wiener (1894-1964). Em seu livro **Cybernetics** (1948), Wiener demonstrou que havia muito em comum entre processos aparentemente díspares, como o direcionamento de um míssil e a regulação do nível de gás carbônico no sangue. A cibernética – então – emergiu como uma metodologia para a transferência direta de conhecimentos entre disciplinas distintas.

A cibernética é definida como a ciência da comunicação e do controle, focada em objetivos, e seu campo de estudo são os sistemas. A comunicação integra os sistemas, e o controle regula seu funcionamento. Para estudar sistemas, a cibernética utiliza modelos: representações simplificadas de fenômenos complexos do mundo real.

A vantagem de usar modelos é a possibilidade de manipulá-los sem riscos ou problemas legais. Exemplos de modelos usados cotidianamente incluem maquetes, fluxogramas, organogramas, diagramas e mapas. Modelos que guardam proporção com o ente real são chamados de homomórficos, enquanto aqueles do mesmo tamanho são denominados isomórficos.

Na década de 1950, o biólogo alemão Ludwig von Bertalanffy (1901-1972) desenvolveu uma teoria interdisciplinar para que conhecimentos e descobertas de uma ciência pudessem ser utilizados por outras. Esta teoria – conhecida como Teoria Geral dos Sistemas – revolucionou e influenciou diversos campos do conhecimento humano.

Quadro 10.1 – Comparação entre a ciência tradicional e a abordagem sistêmica.

|  | TRADICIONAL | SISTÊMICA |
|---|---|---|
| Visão | Reducionismo | Expansionismo |
| Pensamento | Analítico | Sintético |
| Relação causa x efeito | Mecanicista | Teleológica |

Fonte: Barros Neto; Souza (2002).

Quase imediatamente, as Ciências Sociais adotaram os pressupostos da teoria sistêmica como uma abordagem mais abrangente para estudar seus fenômenos, permitindo revelar o geral no particular e visualizar as inter-relações entre objetos de natureza distinta.

Um sistema (do grego *systema*) pode ser definido como uma "combinação de partes coordenadas e relacionadas entre si, de maneira coerente, formando um todo com um objetivo comum". Todos os elementos componentes de um sistema estão interligados para formar um todo que apresenta características globais não encontradas em seus elementos considerados isoladamente. Esta característica é chamada de "emergente sistêmico". Decorre daí a propriedade de sinergia, onde os resultados do sistema como um todo são sempre maiores do que a soma das contribuições individuais de cada parte, ou seja, em um sistema, 2 + 2 nunca é igual a 4, mas sim a 4 + x.

Sistemas estão inseridos em um meio composto por outros sistemas e subsistemas, tornando difícil delimitar fronteiras e determinar onde um sistema começa e outro termina. Mudanças em um elemento sistêmico influenciam todos os demais elementos, e, frequentemente, mudanças em um sistema influenciam outros sistemas e subsistemas.

Sistemas podem ser concretos ou abstratos; pelo menos teoricamente, fechados (não efetuam trocas com o ambiente) ou abertos. São normalmente representados por um modelo que expressa bem todos os seus parâmetros. Os insumos ou impulsos externos, conhecidos como entradas, são transformados em saídas, ou resultados, que são devolvidos ao exterior. A retroação, ou *feedback*, é um sistema de comunicação de retorno que pode alterar as entradas, responsável pelo controle e pela manutenção das condições de equilíbrio do sistema visando a sua sobrevivência. A retroação positiva estimula as entradas, enquanto a negativa as inibe ou refreia.

Essa abordagem trouxe avanços significativos para a Teoria Administrativa, abrindo caminho para a Teoria de Sistemas e seus desdobramentos, oferecendo uma visão mais holística e integradora das organizações e de seus processos.

**Figura 10.1 – Sistema.**

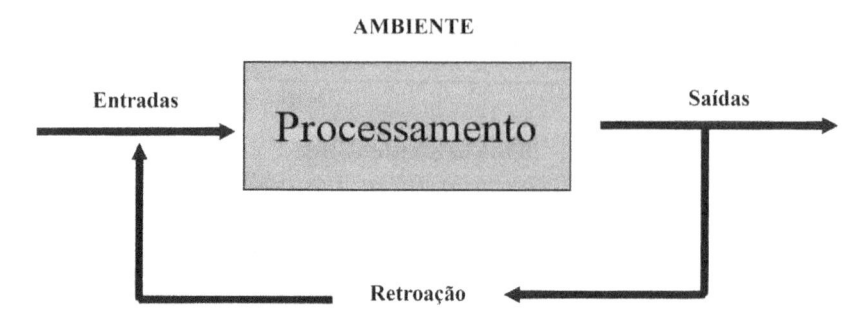

**AMBIENTE**

Entradas → Processamento → Saídas

Retroação

Fonte: Elaborada pelo autor.

Na natureza, encontram-se apenas sistemas abertos, cujas principais características são o constante intercâmbio de energia, recursos e informações com o ambiente, o crescimento, a mudança, a adaptação, o equilíbrio e a autorregulação (homeostase). Os sistemas fechados são artificiais e mecânicos, e não apresentam as mesmas dinâmicas vivas dos sistemas abertos.

## 10.2 Sistemas Organizacionais

As organizações são sistemas criados pelo ser humano que crescem e se desenvolvem mantendo um forte intercâmbio com o meio ambiente, composto principalmente por clientes, fornecedores, concorrentes, governo, entre outros. De fato, as organizações apresentam muitos aspectos e comportamentos característicos de sistemas vivos, podendo até mesmo aprender novas habilidades e competências para sobreviverem.

Todos os sistemas têm uma capacidade de autorregulação, denominada homeostase, que permite manter seus parâmetros e variáveis dentro dos limites normais de operação, forçando-os a retornar ao nível padrão quando excedem o intervalo de tolerância. Por exemplo, diante de um vírus, o corpo humano eleva a temperatura como reação ao invasor; porém, se ultrapassar 38º C, ocorre uma contrarreação para reduzir a temperatura novamente para níveis normais.

A principal diferença entre um sistema organizacional e um sistema orgânico é que o primeiro, teoricamente, não tem um tempo limitado de vida. O grupo Sumitomo do Japão – por exemplo – começou em 1590 com uma mina de cobre; ao longo do tempo, aprendeu, desenvolveu e adaptou-se ao meio ambiente, garantindo sua existência como entidade produtiva. Outro exemplo clássico é a Igreja Católica, que existe há mais de 2 mil anos como organização e continua eficiente. Esses casos comprovam que a longevidade organizacional não tem um limite preestabelecido, apesar de pesquisas apontarem que na Europa e no Japão o tempo médio de vida de uma empresa é de apenas 12 anos e meio (no Brasil, esse tempo é ainda menor).

Pode-se afirmar que o tempo de vida de uma empresa é diretamente proporcional à competência de sua administração, à sua capacidade de aprendizado e adaptação ao meio ambiente e à sua coesão interna, entendida como a habilidade de criar e manter uma identidade organizacional.

Embora existam muitas semelhanças entre sistemas vivos e sistemas organizacionais, também podemos identificar diversas diferenças, conforme ilustrado no quadro a seguir.

**Quadro 10.2** – Diferenças entre sistemas vivos e sistemas organizacionais.

| CARACTERÍSTICA | SISTEMA VIVO | SISTEMA ORGANIZACIONAL |
|---|---|---|
| Relação com outro sistema | Completos (exceção: parasitas) | Incompletos, dependem de outras organizações. |
| Entradas | Alimentos, energia | Insumos |
| Duração | Limitada | Ilimitada |
| Estrutura | Herdada, fixa | Criada, modificável |
| Física | Concretos | Abstratos |

Fonte: Barros Neto; Souza (2002).

Os sistemas organizacionais têm um comportamento não determinado, sujeito à influência de inúmeras variáveis incontroláveis do meio ambiente e a uma miríade de outros sistemas e subsistemas. Essa multi-interinfluência resulta dos diversos graus de permeabilidade dos sistemas, tornando extremamente difícil delimitar fronteiras intersistêmicas.

## 10.3 A Gestão da Informação

A cibernética contribuiu significativamente para a administração ao destacar a importância da informação como o agente capaz de provocar alterações nos sistemas e regular seu funcionamento. Para as empresas modernas, a informação é uma questão estratégica, diretamente ligada à sua sobrevivência no mercado. Quem possui mais e melhores informações tem uma probabilidade maior de tomar decisões adequadas; em um ambiente altamente competitivo, isso pode significar a diferença entre o sucesso e o fracasso.

No mundo moderno, onde a quantidade de informação disponível cresce exponencialmente, a grande dificuldade para gerentes e administradores é distinguir o que é útil do que não é. A miríade de meios de comunicação disponíveis e o volume de dados e informações que chegam todos os dias podem ser avassaladores. Se um gerente médio tentasse digerir toda informação que recebe por meio de relatórios, artigos, jornais, conversas, internet, cursos, seminários, *e-mails*, ele deixaria de gerenciar para se transformar em um mero repositório de informações. Com isso, grande parte da informação é simplesmente descartada, podendo ser útil ou não, enquanto uma pequena quantidade recebe atenção.

Para ajudar a gerenciar essa quantidade massiva de informação, o conhecimento mais profundo da teoria da informação pode ser extremamente útil. Segundo Karl Albrecht, presidente da Karl Albrecht International e pioneiro na revolução dos serviços, é necessário definir alguns termos frequentemente utilizados, mas nem sempre compreendidos corretamente:

a) Dados: são os átomos da matéria-prima informacional. São informações brutas que podem ser armazenadas e transportadas sem consideração de significado.

b) Informação: é a disposição dos dados de modo a criar padrões e significados na mente das pessoas. São dados organizados de maneira lógica e coerente.

c) Conhecimento: conteúdo de valor agregado do pensamento humano, derivado da percepção e manipulação inteligente da informação. O conhecimento existe apenas na mente do pensador e é a base para decisões eficazes e ações inteligentes.

Portanto, o objetivo da informação é gerar conhecimento, que agrega valor ao processo. No entanto, para a criação sustentada de conhecimento, é essencial atentar para as cinco dimensões da qualidade da informação:

> 1) Precisão: exatidão e correção dos dados.
> 2) Completude: integralidade das informações fornecidas.
> 3) Relevância: importância e pertinência da informação para a tomada de decisões.
> 4) Oportunidade: disponibilidade da informação no momento necessário.
> 5) Consistência: coerência e uniformidade das informações ao longo do tempo.

Essas dimensões são fundamentais para garantir que a informação gerada seja útil e que o conhecimento derivado dela agregue valor significativo ao processo decisório nas organizações. A figura seguinte ilustra que as dimensões da qualidade informacional estão indissoluvelmente ligadas em um complexo único.

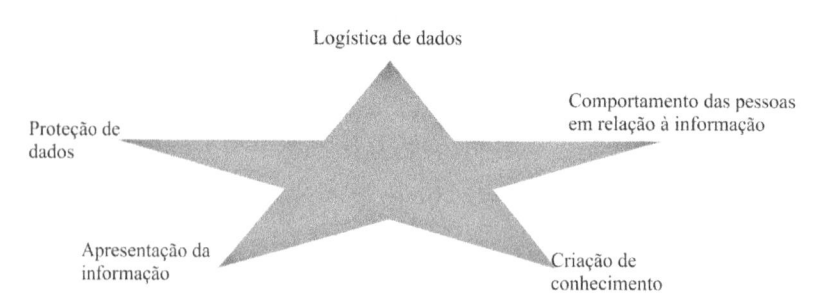

**Figura 10.2** – A qualidade da informação.

- Logística de dados
- Comportamento das pessoas em relação à informação
- Proteção de dados
- Apresentação da informação
- Criação de conhecimento

Fonte: Adaptada de HSM Management n. 17, jan./fev. 2000.

A primeira preocupação do gestor da informação é preparar as pessoas para uma nova atitude em relação ao processo de disseminação de informações e geração de conhecimento. Isto só será possível na medida em que se viabiliza toda a logística necessária para disponibilizar a informação no momento certo (logística de dados), envolvendo máquinas, equipamentos, *softwares* e outros recursos tecnológicos.

Quando se fala em proteção de dados, não nos referimos apenas à inviolabilidade de informações confidenciais, mas principalmente à integridade e à manutenção desses dados (posteriormente transformados em informações) pelo tempo que for necessário. Isso requer cuidados característicos não só dos departamentos de segurança patrimonial, mas também da área de arquivamento e classificação.

O penúltimo passo, antes de começar a medir e gerenciar a criação efetiva de conhecimento, é garantir que as informações sejam apresentadas de forma inteligível para todos os seus usuários, em todos os níveis organizacionais, e de maneira objetiva e clara, utilizando uma linguagem e classificação compreendida por toda a organização.

A partir daí, a empresa deve institucionalizar a criação de conhecimento como uma função normal da organização, garantindo o desenvolvimento sustentado do processo.

## 10.4 Conclusões

A tentativa de tratar e resolver todos os problemas por meio da cibernética e dos sistemas é particularmente importante entre os tecnocratas, que estudam não só os alvos a serem atingidos como também a elaboração dos próprios objetivos. Essa abordagem, no entanto, não pode ser desconsiderada atualmente, independentemente do ângulo de análise organizacional adotado pela Administração, pois oferece uma visão global da organização e da sua capacidade sinérgica, até então desconsideradas.

Por sua vez, a informática – entendida como a ciência do processamento automático e lógico de dados, com todas as suas realizações que empregam computadores para o tratamento automático da informação – transformou-se em um instrumento indispensável para o administrador moderno. Multiplicou também a capacidade de análise, compilação, acesso, arquivo, seleção e disponibilização de informações para a tomada de decisão.

A mecanização e a automação de processos industriais trouxeram enormes ganhos de produtividade e qualidade, incrementados agora pela informatização, que permite às máquinas tomarem decisões rotineiras e programadas sem a intervenção humana, liberando os recursos humanos para atividades mais criativas e de maior valor.

Entretanto, é fundamental reconhecer que sistemas, por mais desenvolvidos que sejam, têm um limite além do qual não conseguem mais manter sua finalidade nem mesmo sua estrutura. Por isso, não se pode vislumbrar, por mais que se desenvolva a tecnologia sistêmica, uma organização que prescinda do fator humano para intervir justamente quando estão presentes variáveis não controláveis que geram situações não previstas, capazes de comprometer todo o desempenho organizacional.

Portanto, a integração equilibrada entre tecnologia e fator humano continua sendo crucial para o sucesso e a longevidade das organizações.

# CAPÍTULO XI – ABORDAGEM SOCIOTÉCNICA

## 11.1 Sistema Sociotécnico

A Teoria de Sistemas nos permite compreender a organização como um sistema amplo, com entradas, saídas, processamento e trocas com o meio ambiente. No entanto, esse modelo sistêmico pode ser aprimorado ao considerar a organização não como um sistema único, mas como um todo sistêmico composto por variados subsistemas interdependentes, funcionando com um objetivo único.

Um dos modelos mais consistentes é o de Tavistock (Tavistock Institute of Human Relations, em Londres), que concebe a organização como composta por dois subsistemas: o técnico e o social. O subsistema técnico compreende todas as variáveis tecnológicas, temporais e físicas, enquanto o subsistema social envolve todas as variáveis diretamente relacionadas aos indivíduos.

Esses dois subsistemas convivem em íntima relação e, de fato, não prescindem um do outro, estando tão interligados que chegam mesmo ao ponto de se determinarem mutuamente. A eficiência do sistema organizacional, considerado como um todo, depende das interações desses dois subsistemas com o meio ambiente da organização.

**Figura 11.1** – Modelo sociotécnico.

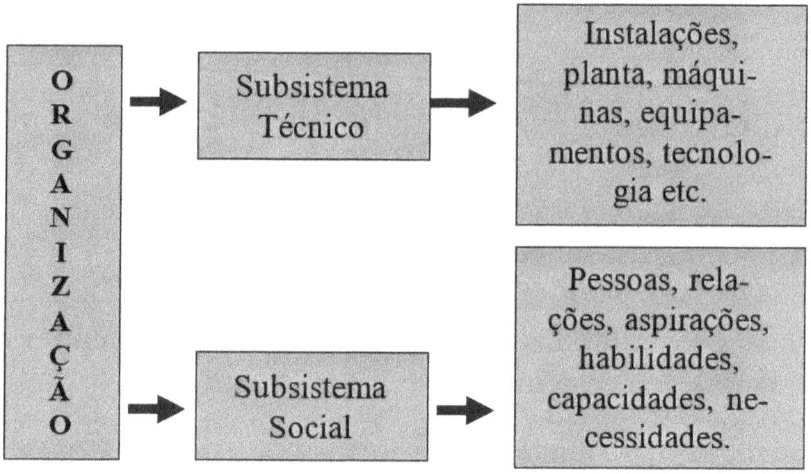

```
ORGANIZAÇÃO  →  Subsistema Técnico  →  Instalações, planta, máquinas, equipamentos, tecnologia etc.
             →  Subsistema Social   →  Pessoas, relações, aspirações, habilidades, capacidades, necessidades.
```

Fonte: Adaptado de Chiavenato (2000, p. 562).

## 11.2 O Subsistema Social: Clima e Cultura

O subsistema social determina a real eficiência da organização, pois o subsistema técnico tem apenas o potencial de se tornar eficiente, realizando-se apenas com a intervenção do subsistema social, representado pelos seres humanos em suas múltiplas dimensões e capacidades necessárias para efetivar o subsistema técnico.

No subsistema social, atuam inúmeros mecanismos psicológicos, normas e valores pessoais, de difícil isolamento, mas de fácil percepção para um observador atento. Esse complexo conjunto de interações sociais em vários níveis e dimensões determina a cultura organizacional, que reflete os valores, os tabus, as percepções, os comportamentos e as atitudes característicos de uma organização. Trata-se de um conjunto de crenças e sentimentos comuns aos participantes de uma empresa, formado ao longo do tempo e de difícil mudança. É a personalidade da organização, o *ethos* (conjunto de traços e modos de comportamento que conformam o caráter ou a identidade de uma coletividade) empresarial.

O clima organizacional está mais ligado ao momento, ao moral, a uma situação específica da organização, podendo ser facilmente alterado. Um bônus inesperado – por exemplo – pode mudar rapidamente o ânimo do pessoal, alterando o clima organizacional de apreensivo para alegre, mas não é suficiente para mudar a cultura conservadora de uma empresa que valoriza posturas tradicionais, refletidas nas atitudes de seus gerentes que cortarão custos de um lado para compensar os valores saídos do caixa.

No contexto do subsistema social, pode-se conceituar Administração como o trabalho de orientar, dirigir e controlar os esforços de grupos, compostos por desempenhos individuais, para o alcance de objetivos organizacionais. Nesse sentido, fatores intangíveis como planejamento, direção, tomada de decisão, poder e autoridade têm importância relevante, representando o sentido de existência do próprio processo administrativo dentro da organização. Por se concentrar principalmente no subsistema técnico, a organização será abordada mais à frente.

## 11.3 Planejamento

Planejar consiste em estabelecer o que fazer, quando fazer, como fazer, quem fará e em que sequência realizar. Esta atividade está presente no cotidiano de qualquer ser humano, embora de forma menos estruturada do que quando se trata do futuro de uma organização. Planejamos os gastos do mês, as compras do supermercado e as próximas férias. Planejar é um verbo intrinsecamente ligado ao futuro, pois nunca se pode planejar o que já passou.

Quanto melhor for o planejamento, maiores são as chances de obter sucesso e alcançar objetivos. Imagine se o famoso navegador Amyr Klink saísse em suas viagens sem um mínimo de planejamento. Certamente, ele não teria concluído metade de suas viagens. Cabe considerar as grandes conquistas humanas e a parcela significativa de planejamento envolvida. Planejar bem é, portanto, uma condição indispensável para alcançar resultados com o mínimo de problemas.

O primeiro passo no processo de planejamento é decidir o que fazer, ou seja, qual é o objetivo. No contexto empresarial, deve-se começar estabelecendo os objetivos e traçando a política organizacional. Após essa etapa ampla e genérica, segue-se a definição de diretrizes, metas, programas, procedimentos, métodos e normas que permitirão atingir o objetivo da forma mais eficiente possível.

O planejamento efetiva-se em três níveis, correspondentes aos níveis hierárquicos da organização:

a) Estratégico: nível mais amplo e abrangente, correspondente aos níveis hierárquicos mais altos, realizado para o longo prazo e de forma bastante genérica.

b) Tático: correspondente aos níveis gerenciais da organização, elaborado para um médio horizonte de tempo, sendo específico para cada unidade da organização.

c) Operacional: extremamente detalhado e específico, realizado no curto prazo.

**Figura 11.2** – Níveis de planejamento.

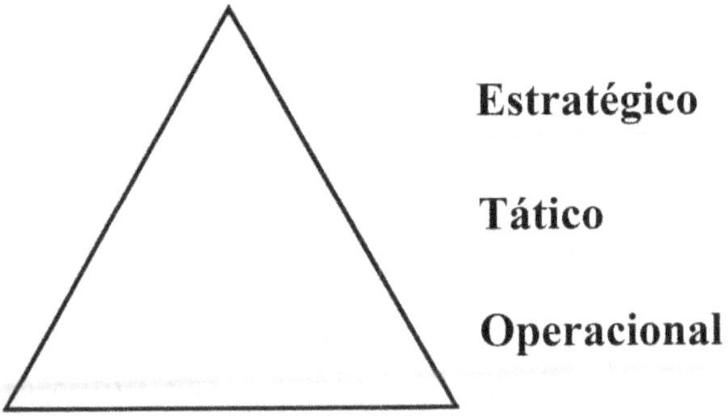

**Estratégico**

**Tático**

**Operacional**

Fonte: Elaborada pelo autor.

Planejar é um processo contínuo, no qual os objetivos estão sempre se renovando ou sendo atualizados conforme são alcançados ou parcialmente alcançados. Caso não se obtenha o sucesso desejado, deve-se reavaliar os objetivos para definir se são realmente exequíveis; conforme o caso, reiniciar ou adequar o planejamento.

## 11.4 Direção

Dirigir é dar rumo, propiciar objetivos e fornecer um norte para a organização. Este conceito difere de comandar, embora muitos os confundam. Quando há direção em uma empresa, todos os esforços convergem em um único sentido, há menos duplicação de esforços, e os objetivos são mais facilmente alcançados.

Dirigir também implica liderar, motivar, comunicar, guiar e propiciar sentido às ações, sendo exercido principalmente pelo nível estratégico. Trata-se de um conjunto de habilidades e capacidades voltadas para a condução organizacional, não podendo ser restrito a uma única dimensão, dada sua característica multifacetada.

## 11.5 Tomada de Decisão

Tudo em uma organização gira em torno de decisões. A própria existência de uma empresa está diretamente ligada à decisão inicial tomada por seus fundadores. A sobrevivência e o sucesso de uma organização dependem totalmente da qualidade e da precisão das decisões tomadas no dia a dia empresarial.

Não existem decisões mais ou menos importantes, mas apenas decisões que precisam ser tomadas da melhor forma possível. Para o administrador, esse tema é de especial interesse, pois decisões estão sendo tomadas constantemente nos mais diversos setores, muitas vezes sem coordenação adequada; pior ainda, baseadas apenas em critérios subjetivos que não garantem adequação aos objetivos da empresa.

Após a Segunda Guerra Mundial, houve um impulso significativo nos estudos sobre a Pesquisa Operacional (PO), um ramo da matemática que adota modelos decisórios e pode ser amplamente utilizado pelos administradores para facilitar o processo decisório e garantir uma melhor qualidade nas decisões.

Uma decisão é, na verdade, um processo sequencial de etapas que, em seu conjunto, formam uma decisão específica. Pode-se resumir o processo em três etapas: definição do problema, estabelecimento de alternativas de solução e escolha da solução mais adequada. Em situações complexas que exigem diferentes modelos de implementação para resolver o problema, é comum recorrer a métodos quantitativos para tornar o processo mais racional, eliminando ou reduzindo o subjetivismo a níveis aceitáveis.

Independentemente da situação problemática, as decisões podem ser programadas ou não programadas. As decisões programadas são mais fáceis de serem tomadas, pois relacionam-se a situações rotineiras, previsíveis e estáticas. Já as decisões não programadas implicam tomar decisões sob condições de incerteza, em um ambiente dinâmico e imprevisível, onde as informações não são adequadas ou não estão disponíveis com a exatidão necessária.

Para decisões programadas (rotineiras), pode-se fundamentá-las em hábitos, rotinas, normas ou utilizar modelos matemáticos, técnicas de PO e simulações em computador. No caso de decisões não programadas, costuma-se recorrer ao *feeling*, à intuição, ao empirismo, à interpretação de políticas ou diretrizes, ou ainda – de forma mais científica – às modernas técnicas heurísticas e simulações computadorizadas.

A vantagem de utilizar modelos matemáticos para testar soluções e escolher uma alternativa de ação é que se evitam prejuízos reais, pois as consequências negativas de uma eventual má decisão ficam restritas ao mundo virtual do modelo utilizado. A grande dificuldade de criar modelos decisórios, no entanto, é estruturá-los: traduzi-los em linguagem matemática que possa ser facilmente entendida por computadores, de forma a simular infinitas alternativas até encontrar a solução ótima ou mais adequada.

Um problema já estruturado permite conhecer antecipadamente sob que condições será tomada a decisão, que poderá ser em um cenário de certeza, risco ou incerteza.

Quadro 11.1 – Condições de tomada de decisão.

| DECISÃO | VARIÁVEIS | RESULTADO |
|---|---|---|
| Certeza | Conhecidas | Determinável |
| Risco | Conhecidas | Probabilístico |
| Incerteza | Conhecidas | Desconhecido |

Fonte: Barros Neto; Souza (2002).

Mesmo problemas não completamente estruturados, que possuem uma ou mais variáveis desconhecidas ou impossíveis de serem determinadas com relativa confiança, podem ser tratados por meio de modelos matemáticos com grandes vantagens: descoberta de interconexões, identificação de relações causa/efeito, tratamento simultâneo de inúmeras variáveis e obtenção de soluções mais rápidas e melhores.

A PO é – portanto – um instrumento essencial para a tomada de decisão do administrador profissional. Ela fornece uma vasta gama de ferramentas matemáticas aplicáveis em praticamente todas as áreas da empresa e nas mais diversas situações. Além disso, possui inúmeros modelos e métodos prontos para aplicação imediata, necessitando apenas de alguns ajustes específicos para cada organização, bastando adaptar a entrada de dados à situação que se deseja resolver. Em situações mais complexas, pode ser necessário o desenvolvimento de novos modelos, sendo a ajuda de matemáticos e estatísticos fundamental para a administração.

Alguns exemplos de modelos de PO com ampla aplicação e disponíveis em *softwares* incluem teoria das filas, teoria dos jogos, grafos, programação linear, programação dinâmica, correlação estatística e probabilidades. A utilização desses modelos prontos é facilitada, desde que se tenha cuidado na adaptação das fórmulas à realidade específica da empresa, para evitar distorções significativas.

Uma empresa moderna não pode prescindir desses métodos, especialmente na área da administração da produção e das operações industriais, onde a PO se encaixa perfeitamente nas situações-problema. No entanto, uma boa dose de sorte e intuição pode realmente fazer a diferença em um mercado altamente competitivo que nem sempre segue as regras da lógica e do bom senso.

Decisões podem ser entendidas como um processo de análise e escolha, composto por seis elementos: tomador de decisão (pessoa que escolhe), objetivos (o que se quer alcançar), critérios de escolha, estratégia ou curso de ação, situação em si (que abrange aspectos ambientais) e resultado ou consequência.

Independentemente dos esforços e das técnicas utilizadas, é importante ressaltar que a racionalidade humana é limitada pelas informações disponíveis, pelos pressupostos e pelos paradigmas vigentes. Não há decisões perfeitas, mas sim uma relatividade das decisões, que podem ser excelentes em um momento e totalmente inadequadas no dia seguinte.

O administrador não deve, então, buscar a perfeição, mas adotar um comportamento satisfatório, que permita procurar e escolher a melhor maneira dentre aquelas que conseguiu comparar.

Importante destacar ainda que atualmente a tecnologia desempenha um papel crucial na análise de dados, permitindo que grandes volumes de informações sejam processados e interpretados de maneira eficiente. Ferramentas de *big data*, IA e *machine learning* são apenas algumas das tecnologias que transformaram a forma como as empresas coletam, analisam e utilizam dados.

Nesse sentido, *Analytics* refere-se ao uso de dados, tecnologia e métodos estatísticos para analisar e interpretar informações, com o objetivo de tomar decisões mais informadas. A análise de dados apoiada pela tecnologia, como IA e *big data*, permite que as empresas identifiquem padrões, tendências e *insights* que seriam impossíveis de detectar manualmente. De fato, existem várias categorias de *Analytics*, cada uma com um propósito específico:

• Análise descritiva (*descriptive analytics*): esta categoria se concentra em resumir e descrever os dados históricos para entender o que aconteceu no passado. Ferramentas de visualização de dados, como gráficos e *dashboards*, são comumente usadas aqui.

• Análise diagnóstica (*diagnostic analytics*): vai além da análise descritiva, buscando entender por que algo aconteceu. Utiliza técnicas como *drill-down*, *data discovery* e correlação para identificar causas e fatores subjacentes.

• Análise preditiva (*predictive analytics*): utiliza modelos estatísticos e algoritmos de *machine learning* para prever futuros resultados com base em dados históricos. É amplamente usada em áreas como previsão de vendas, gestão de risco e *marketing*.

• Análise prescritiva (*prescriptive analytics*): recomenda ações específicas com base nas previsões geradas pela análise preditiva. Utiliza técnicas de otimização e simulação para sugerir os melhores cursos de ação.

• Análise cognitiva (*cognitive analytics*): combina IA e *machine learning* para imitar o pensamento humano e interpretar dados não estruturados, como texto e imagens. É usada em aplicações como *chatbots* e análise de sentimentos.

- **Análise aumentada** (*augmented analytics*): integra IA e *machine learning* para automatizar a preparação de dados, a descoberta de informações e a geração de relatórios. Facilita a análise de dados para usuários não técnicos, democratizando o acesso a *insights* valiosos.

Essas tecnologias não apenas aceleram o processo de análise, mas também aumentam a precisão e a profundidade das percepções obtidas, permitindo que as organizações que dominam o uso de dados se destaquem no mercado, com processos mais ágeis e estratégias mais competitivas.

## 11.6 Poder e Autoridade

A questão do poder e da autoridade dentro das organizações é um ponto-chave. Por mais moderna que seja a organização, ou por mais que se tenha evoluído em sistemas organizacionais alternativos, ainda não se conseguiu fugir completamente do modelo burocrático, conforme discutido no Capítulo V.

O poder, segundo o entendimento mais comum, é a capacidade de mandar e ser obedecido, enquanto a autoridade é o poder legalmente reconhecido. Esses conceitos também são válidos para a Administração.

Existem várias formas de exercer o poder, pois alguém pode mandar e ser obedecido utilizando diversos meios: força bruta, inteligência, conhecimento, violência, sedução ou convencimento legítimo. Nessa relação de poder, sempre estarão presentes a figura de quem obedece (subordinado, empregado, servo) e de quem manda (chefe, patrão, senhor). O poder é geralmente exercido com base em alguma característica, habilidade ou capacidade presente em quem detém o poder, aceita ou pelo menos reconhecida pelos subordinados.

A autoridade também pode ser entendida como um fenômeno psicológico, fortemente influenciado pelo empregado. Ao contrário do que preconizava a Teoria Clássica, o subordinado só aceita uma ordem quando a entende, quando a julga compatível com seus objetivos e da organização, e se acha – física e mentalmente – capaz de cumpri-la.

Nas organizações formais, o poder está sempre ligado à hierarquia. O poder é função da hierarquia e é legitimado por ela, estando ambos tão intimamente ligados que um não pode existir sem o outro. Em uma organização formal, o poder não pertence concretamente a ninguém, mas aos cargos e às posições exercidas. Por exemplo, um empregado, ao sair de uma empresa, deixa dentro da organização o poder que eventualmente exerce. No dia seguinte, ele não teria autoridade para entrar no portão principal da empresa. Mesmo o proprietário ou os acionistas majoritários só têm autoridade para decidir, opinar ou entrar na empresa se isso estiver legitimado pela organização. Portanto, a Administração tem o poder de cercear o poder até do proprietário.

Essas considerações mostram que o poder está realmente concentrado na organização, que é mais poderosa do que qualquer um de seus membros. Um exemplo concreto é a Microsoft. O poder reside na empresa ou em Bill Gates, seu fundador e CEO durante muitos anos e atualmente conselheiro? Sem sua empresa a lhe respaldar, pouca força teria o cidadão Bill Gates. A Microsoft, entretanto, faz as regras do mercado, mesmo com uma acirrada concorrência e sujeita a rigorosa normatização.

## 11.7 Conclusões

A abordagem sociotécnica foi extremamente importante ao reconhecer, identificar e considerar dois sistemas intraorganizacionais que se complementam e se energizam mutuamente.

Essa visão foi revolucionária ao aproveitar, de forma sistêmica, os conhecimentos oriundos das teorias anteriores. Também abriu espaço para que os neoclássicos reabilitassem os conceitos tradicionais de administração, afirmando-se como abordagem independente, sem, no entanto, negar o que veio antes, como era comum até então.

Essa nova visão ajudou a determinar a racionalidade administrativa como função da perfeita sincronia entre os subsistemas técnico e social, compostos por inúmeras inter-relações e interconexões: comportamento das pessoas na organização, processo decisório, divisão de tarefas, padrões de desempenho, sistemas de autoridade, canais de comunicação, treinamento e doutrinação.

Para tanto, na organização, a Administração deve ter a correta percepção da situação, seja técnica, social ou ambas. Deve analisar e definir o problema, procurar alternativas de solução em conformidade com os objetivos previamente definidos e escolher a alternativa mais adequada, considerando as demandas dos sistemas e subsistemas envolvidos.

Ademais, na era do conhecimento, a capacidade de analisar e interpretar dados de maneira eficaz é um diferencial competitivo importante para a administração, pois as empresas que dominam o uso de *Analytics* conseguem tomar decisões mais rápidas e bem fundamentadas, otimizando seus processos e estratégias. A tecnologia continua a evoluir, tornando a análise de dados cada vez mais acessível e poderosa, e aqueles que souberem aproveitar essas ferramentas estarão à frente no mercado.

# CAPÍTULO XII – ABORDAGEM NEOCLÁSSICA

## 12.1 O Novo Classicismo

A Teoria Neoclássica da Administração é uma redenção e atualização ampliada e mais abrangente dos princípios e ideias defendidos pelos teóricos clássicos décadas antes. As abordagens surgidas após o Taylorismo e o Fayolismo – como a Teoria das Relações Humanas – tenderam a questionar e, em alguns casos, a negar os pressupostos clássicos, adotando visões opostas. No entanto, estudiosos posteriores, influenciados pela abordagem sistêmica, perceberam que as respostas para os problemas organizacionais não estavam exclusivamente em uma única teoria. Cada uma delas tinha contribuições pertinentes e úteis a serem consideradas.

Os neoclássicos reafirmaram os postulados clássicos, enfatizando os resultados e objetivos organizacionais, e focaram-se na prática administrativa, sem esquecer dos aspectos humanos e do comportamento grupal dentro das organizações.

Os princípios administrativos desta nova teoria incluem: objetivos claramente definidos, responsabilidades designadas a uma única função, departamentalização baseada na homogeneidade funcional, hierarquia rígida, autoridade e responsabilidade definidas por escrito, unidade de comando, limite para a quantidade de subordinados, poucos níveis de autoridade, e uma organização simples e flexível.

## 12.2 Desempenho Organizacional

A discussão sobre desempenho organizacional assume grande relevância para os neoclássicos, que expandiram a problemática da eficiência para a questão da eficácia. Não basta fazer as coisas corretamente (eficiência), mas é crucial fazer as coisas certas (eficácia).

Eficiência está ligada ao processo, aos meios e à maneira de fazer algo. Pode ser definida como a razão entre a entrada e a saída efetiva. Para ser eficiente, é necessário fazer mais com menos, melhorando a utilização dos recursos. Eficácia, por sua vez, está relacionada ao objetivo final e aos resultados obtidos. Ser eficaz é fazer o necessário para alcançar os objetivos.

A diferença entre eficiência e eficácia pode ser ilustrada com um exemplo do futebol. Se a seleção brasileira der um espetáculo, fizer grandes jogadas e seguir o esquema tático corretamente, será extremamente eficiente, porém só será eficaz se ganhar o jogo. Pode ocorrer de a seleção jogar mal, errar jogadas e ainda assim ganhar com um gol de pênalti no último minuto. Nesse caso, não foi eficiente, mas foi extremamente eficaz. As Copas do Mundo de 1986 e 1994 ilustram bem essa distinção. Em 1986, a seleção foi eficiente, mas não eficaz; em 1994, foi eficaz, alcançando o objetivo de ganhar a Copa, ainda que muitos digam que não apresentou um futebol brilhante como o da seleção de 1986.

É importante ressaltar que eficiência não leva necessariamente à eficácia, nem vice-versa. São conceitos independentes. O ideal seria atingir 100% de eficiência e total eficácia; na realidade, o administrador deve balancear suas ações para alcançar um grau aceitável de ambos. Um exemplo prático é o motor a combustão interna, inventado por Nikolaus Otto, em 1876. Se esperássemos que ele atingisse 100% de eficiência, ainda estaríamos andando de carroças, pois os melhores motores a combustão interna atualmente têm uma eficiência de cerca de 40% (motores a gasolina vão até 28%, a dos veículos a etanol em torno de 33% e a dos veículos a diesel chega a 44%) enquanto motores elétricos chegam a 85%.[3]

## 12.3 Controle e Coordenação

O controle é uma função de regulação essencial nas organizações, caracterizada por sua natureza restritiva, coercitiva e impositiva. Basicamente, consiste em comparar os resultados alcançados com os padrões preestabelecidos ou com o que foi planejado, a fim de confirmar a conformidade; caso contrário, adotar as medidas necessárias para correção ou adequação dos resultados.

Quanto mais simples as tarefas e menor a organização, mais fácil é manter as operações sob controle. No entanto, em grandes empresas, com uma diversidade de produtos e serviços complexos, a função de controle se torna extremamente dispendiosa e difícil. Em algumas organizações, o excesso de controles pode inibir a inovação, o desempenho e o crescimento organizacional.

À medida que uma empresa cresce, ocorre a necessidade de criação de novos departamentos, que se tornam

---

[3] Disponível em: https://agencia.ufc.br/grupo-da-ufc-participa-do-desenvolvimento-de-motor-mais-eficiente-e-menos-poluente/.

cada vez mais diferenciados, com objetivos e metas que podem até ser conflitantes. Quanto mais a organização se diferencia, maior a necessidade de coordenação, pois todos os departamentos devem atuar de forma unificada, com um objetivo geral comum.

A situação se complica ainda mais quando o crescimento organizacional exige a delegação de responsabilidades, a partilha de poder, o compartilhamento de informações e a descentralização. Todo administrador enfrenta o dilema entre descentralização e centralização em algum momento da vida organizacional. A decisão é sempre difícil porque, ao descentralizar, se perde a visão global, a uniformidade de procedimentos e o controle de custos, mas ganha-se em agilidade, motivação, comprometimento e decisões mais alinhadas com as necessidades locais. Em relação à centralização, ela elimina esforços duplicados, melhora o uso de especialistas e garante consistência nas decisões, mas pode aumentar erros, atrasos e custos.

Ao ter de decidir entre centralizar e descentralizar, o administrador deve considerar primeiramente os objetivos a serem atingidos. Em seguida, avaliar aspectos como o tamanho da organização, a competência dos colaboradores, a conjuntura econômica, o mercado-alvo, as facilidades de comunicação e todos os fatores que possam influenciar o contexto.

## 12.4 Organização

O termo "organização" possui diversos significados, mas dois são de especial interesse para a Administração: "associação ou instituição com objetivos definidos" e "ato ou efeito de organizar". No primeiro caso, refere-se à entidade social, formal ou informal, objeto de estudo da Administração; no segundo, trata-se da função administrativa, definida por Fayol, que consiste em estruturar, estabelecer relações, integrar e dotar os diversos recursos e departamentos da empresa dos meios necessários.

A função de organizar possui diversas dimensões, manifestando-se de diferentes formas nos vários níveis da organização. Quando se fala em organizar globalmente uma empresa, refere-se à arquitetura organizacional, ao desenho da empresa como um todo, que pode corresponder a três tipos básicos:

a) Organização linear: este é o tipo mais simples e antigo de organização, ideal para pequenas empresas devido à autoridade única, à centralização das decisões, à facilidade de implementação e à clara delimitação de responsabilidades. No entanto, tem uma predisposição para a inflexibilidade e a rigidez, dificultando a iniciativa e a colaboração. Funciona bem sob liderança constante e autocrática.

b) Organização funcional: baseada no princípio da especialização do trabalho e na autoridade funcional, onde cada departamento tem uma função especializada distinta dos demais. As decisões são descentralizadas, a comunicação ocorre de forma direta quando necessário, e há uma melhor qualidade de supervisão técnica. No entanto, quando muito descentralizada e com pouca integração e coordenação, pode gerar confusão quanto aos objetivos, à concorrência entre departamentos e aos conflitos de interesses. Este tipo de organização é recomendado para pequenas e médias empresas e por períodos determinados.

c) Organização linha-assessoria: é um dos tipos mais completos e amplamente utilizados, especialmente indicado para grandes empresas que possuem funções complexas e diversificadas. Sua popularidade se deve às inúmeras vantagens que oferece, permitindo a coexistência eficiente das estruturas linear e funcional. Essa forma organizacional proporciona suporte técnico especializado por meio de órgãos de assessoria (*staff*), auxiliando na tomada de decisões.

A moderna administração reconhece que, para maximizar o desempenho organizacional, é necessário equilibrar as vantagens e desvantagens de cada tipo de organização, adaptando-as às necessidades específicas e contextuais da empresa. Assim, a Administração deve garantir o equilíbrio entre os órgãos de linha e de assessoria, evitando conflitos desnecessários e assegurando que ambos trabalhem em harmonia.

Quadro 12.1 – Diferenças entre órgãos de linha e de assessoria.

| ÓRGÃOS DE LINHA | ÓRGÃOS DE ASSESSORIA |
|---|---|
| Voltados para o cliente externo | Voltados para o cliente interno |
| Autoridade para decidir e comandar | Autoridade para sugerir e recomendar |
| Ligados aos objetivos e atividades-fim da empresa | Ligados ao apoio aos objetivos e às atividades-meio da empresa |

Fonte: Barros Neto; Souza (2002).

Há um quarto tipo de organização, de caráter provisório, denominado comissão. As comissões são utilizadas quando há um assunto de relevância a ser estudado, que exige decisão e julgamento de profissionais qualificados de diversos departamentos, impactando várias áreas da empresa. Uma comissão pode ou não fazer parte da estrutura formal da empresa; no segundo caso, pode enfrentar dificuldades para cumprir sua missão devido à falta de poder legitimado.

O administrador, quando optar por formar uma comissão, também conhecida por junta, comitê, conferência, grupo de estudo ou trabalho, deve estar atento ao custo, ao cronograma dos trabalhos, à seleção dos membros, à disponibilização dos recursos necessários para os estudos a serem desenvolvidos. Dessa forma, evita-se a falha comum de prolongar excessivamente os trabalhos sem alcançar resultados eficazes.

## 12.5 Departamentalização

Departamentalizar consiste em especializar os diversos órgãos da empresa com o objetivo de aumentar a qualidade das saídas e dos resultados desses órgãos. Trata-se de agrupar atividades da forma mais eficiente possível. A departamentalização pode ser vertical, quando se cria mais níveis hierárquicos para melhorar a supervisão e o controle, ou horizontal, quando não altera os níveis hierárquicos e tem o objetivo de aumentar a eficiência, a perícia e a especialização com a criação de órgãos no mesmo nível hierárquico, baseados na homogeneidade de funções.

Ambos os tipos de departamentalização são extremamente comuns em grandes organizações e se complementam. Dificilmente utiliza-se um sem lançar mão do outro. A departamentalização vertical se refere à especialização do trabalho de supervisão e implica a divisão da autoridade e da responsabilidade pela organização. Seu critério é único.

Já a departamentalização horizontal é uma divisão do trabalho baseada nos diversos tipos de tarefas realizados pela organização e pode obedecer a vários critérios.

a) Funcional: é o tipo mais comum para organizar atividades. Consiste em agrupá-las conforme suas funções, como produção, vendas, finanças, entre outras. O administrador reúne todos os especialistas sob uma única chefia para maximizar a eficiência técnica. É essencial manter a coordenação e a colaboração interdepartamental para evitar a criação de silos organizacionais.

**Figura 12.1** – Departamentalização Funcional

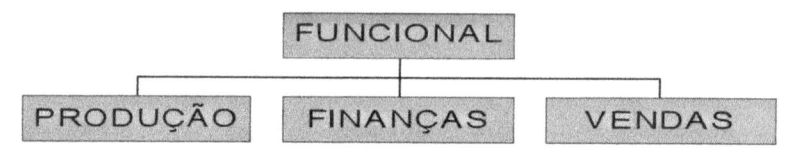

```
          FUNCIONAL
   ┌──────────┼──────────┐
PRODUÇÃO  FINANÇAS   VENDAS
```

Fonte: Elaborada pelo autor.

b) Por produto/serviço: consiste em agrupar atividades de acordo com os produtos ou linhas de produtos que a empresa oferece. Este tipo de departamentalização é útil em empresas que produzem uma vasta gama de produtos diferentes, permitindo maior foco e especialização em cada linha de produtos.

**Figura 12.2** – Departamentalização por produto ou serviço

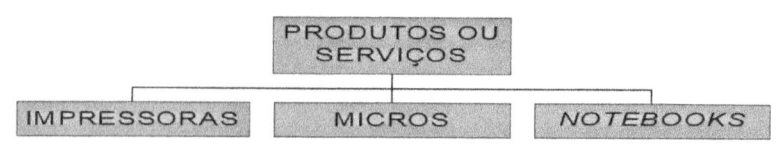

```
          PRODUTOS OU
            SERVIÇOS
   ┌──────────┼──────────┐
IMPRESSORAS  MICROS   NOTEBOOKS
```

Fonte: Elaborada pelo autor.

c) Geográfica: baseia-se na localização geográfica das operações. É comum em empresas que operam em várias regiões ou países. Este tipo de departamentalização permite que a empresa adapte suas operações às necessidades e características específicas de cada região.

**Figura 12.3** – Departamentalização geográfica

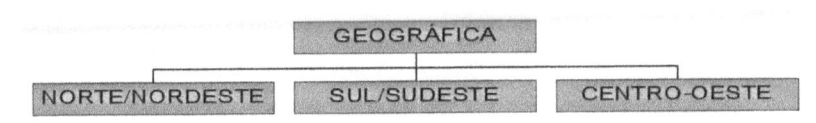

```
           GEOGRÁFICA
   ┌───────────┼───────────┐
NORTE/NORDESTE SUL/SUDESTE CENTRO-OESTE
```

Fonte: Elaborada pelo autor.

d) Por clientes: agrupa atividades de acordo com os diferentes tipos de clientes que a empresa atende. É especialmente útil em organizações que atendem a diversos segmentos de mercado, permitindo um atendimento mais personalizado e especializado.

**Figura 12.4** – Departamentalização por clientes

```
              CLIENTE
    ┌────────────┼────────────┐
   SEÇÃO       SEÇÃO        SEÇÃO
 MASCULINA   FEMININA      INFANTIL
```

Fonte: Elaborada pelo autor.

e) Por processo: agrupa atividades com base nos processos ou fases do trabalho. Este tipo de departamentalização é comum em indústrias de manufatura onde diferentes processos de produção são agrupados para aumentar a eficiência e a qualidade.

**Figura 12.5** – Departamentalização por processo

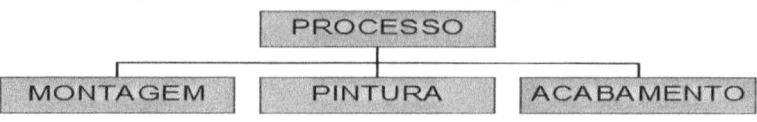

```
            PROCESSO
   ┌───────────┼───────────┐
MONTAGEM   PINTURA   ACABAMENTO
```

Fonte: Elaborada pelo autor.

f) Por mercado: agrega atividades em função do mercado a ser atendido que – por ser muito específico ou por guardar características extremamente singulares – dificilmente poderia ser satisfeito de forma genérica. Este tipo de departamentalização permite uma melhor adaptação às necessidades específicas de diferentes segmentos de mercado.

**Figura 12.6** – Departamentalização por mercado

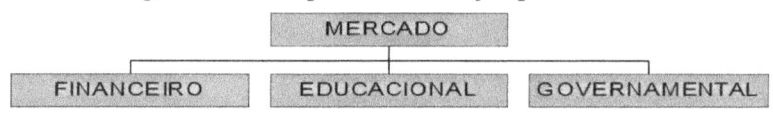

```
             MERCADO
   ┌────────────┼────────────┐
FINANCEIRO  EDUCACIONAL  GOVERNAMENTAL
```

Fonte: Elaborada pelo autor.

g) Por projeto: trata-se de uma departamentalização temporária, embora possa durar vários anos. É utilizada por empresas de grande porte para atender a demandas específicas que exigem grande mobilização de recursos, alta inversão de capital, muita flexibilidade, concentração de especialistas e picos de trabalho. Só é indicada quando o empreendimento é realmente muito grande e complexo, exigindo uma organização nova totalmente voltada para aquele projeto. Um exemplo clássico de departamentalização por projetos foi a construção da hidrelétrica de Itaipu. No auge da construção, mais de 300 mil trabalhadores foram empregados, e a estrutura foi sendo desmontada gradativamente até a conclusão do projeto.

Ressalte-se que a departamentalização é uma ferramenta essencial à disposição do administrador na busca por maior eficiência organizacional. É comum a utilização de vários critérios simultaneamente, mesclando as vantagens de diferentes tipos de departamentalização. Portanto, quase sempre encontramos mais de um tipo de departamentalização em uma mesma organização, podendo ser classificadas em principais e secundárias, de acordo com sua abrangência dentro da empresa e sua relativa importância.

A departamentalização é uma estratégia fundamental para otimizar a eficiência e a eficácia das organizações, e cada tipo de departamentalização possui suas vantagens e desafios, e a escolha do tipo mais adequado deve ser feita considerando as necessidades específicas da organização. Por isso, o administrador deve ser capaz de identificar e implementar a combinação mais eficiente de critérios de departamentalização para alcançar os objetivos organizacionais de forma eficaz e eficiente.

## 12.6 Conclusões

A Teoria Neoclássica da Administração representa uma revalidação e atualização dos princípios clássicos, ampliando e adaptando suas ideias às necessidades contemporâneas das organizações. Reconhece-se a importância de combinar as contribuições de diversas teorias administrativas, adotando uma abordagem mais integrativa e prática.

O controle, a organização e a departamentalização são funções cruciais para a administração eficiente e eficaz. O administrador moderno deve ser capaz de equilibrar a centralização e a descentralização, utilizar comissões de maneira eficaz e escolher o tipo de departamentalização que melhor se adapta aos objetivos e à estrutura da organização.

Em suma, a administração neoclássica enfatiza a importância da eficácia e da eficiência, reconhecendo que ambos são essenciais para o sucesso organizacional, mas nem sempre coincidem. A busca por um equilíbrio entre eficiência e eficácia é um desafio constante para os administradores, que devem estar preparados para adaptar suas estratégias e ações às demandas dinâmicas do ambiente empresarial.

# CAPÍTULO XIII – ABORDAGEM COMPORTAMENTAL

## 13.1 Behaviorismo

O behaviorismo, originado da palavra inglesa *behaviour* (comportamento), emergiu no início do século XX com os trabalhos do psicólogo norte-americano John B. Watson (1878-1958). Essa escola de psicologia científica enfatiza a importância da psicofisiologia e dos fatores ambientais sobre o comportamento humano, em detrimento dos fatores inatos. Seu foco principal de estudo é a aprendizagem, especialmente em suas formas mais elementares, como o condicionamento.

A incorporação do behaviorismo na Administração começou quando se passou a valorizar os fenômenos de motivação humana. Além da psicologia, suas contribuições foram significativas também nas ciências sociais e na linguística. Ainda hoje, os princípios behavioristas – baseados na observação de comportamentos – são amplamente aceitos, mesmo entre psicólogos de correntes mais modernas.

O behaviorismo de Watson foi complementado por estudiosos da Administração com os trabalhos de neobehavioristas como Clark Hull (1884-1952) e B. F. Skinner (1904-1990), que se concentraram na experimentação e na pesquisa. Edward Tolman (1886-1959) introduziu a intervenção de variáveis mentais na determinação do comportamento. Mais tarde, as teorias de Abraham Maslow

(1908-1970) e Frederick Herzberg (1923-2000) também foram incorporadas, ampliando o entendimento sobre a motivação humana.

## 13.2 O Comportamento Humano na Organização

A oposição entre as Teorias Clássica e de Relações Humanas levou os estudiosos da Administração a uma reflexão mais equilibrada. Reconheceu-se que o ser humano não é nem tão mesquinho e limitado como sugerido pela escola Clássica, nem tão altruísta e ingênuo como defendido pela escola de Relações Humanas.

A psicologia social – a partir da década de 1940 – começou a explicar o comportamento humano como um fenômeno complexo, influenciado por necessidades diferenciadas, capacidade de aprender, habilidade de colaborar e competir, e aptidões linguísticas. Esta visão contrastava com os modelos simplistas, como o do *homo economicus*.

Embora os seres humanos não tenham uma vocação inata para a mentira, a capacidade de mentir está presente e pode ser acionada em contextos de grande interesse. Modernos detectores de mentira baseiam-se no estresse vocal e na alteração de sinais vitais, evidenciando a complexidade do comportamento humano.

Para a Administração, é importante compreender as necessidades humanas e o comportamento dos membros da organização. Essa compreensão permite o uso eficaz da motivação como instrumento para melhorar a gestão empresarial, a eficiência organizacional e a qualidade de vida e trabalho de todos os colaboradores.

Compreender e aplicar os princípios behavioristas na administração contemporânea proporciona uma abordagem mais humanizada e eficaz na gestão de equipes e processos organizacionais. Ao integrar a motivação e o comportamento humano nas estratégias de gestão, é possível alcançar um ambiente de trabalho mais produtivo e satisfatório para todos os envolvidos.

## 13.3 Teoria da Hierarquia das Necessidades de Maslow

De acordo com Abraham H. Maslow, apenas uma necessidade não satisfeita pode motivar o ser humano a agir ou adotar determinado comportamento. Existe uma hierarquia de necessidades, de modo que uma pessoa só se preocupa com a satisfação de uma necessidade específica após ter atendidas suas necessidades mais básicas ou essenciais para a sobrevivência, como mostra a figura seguinte.

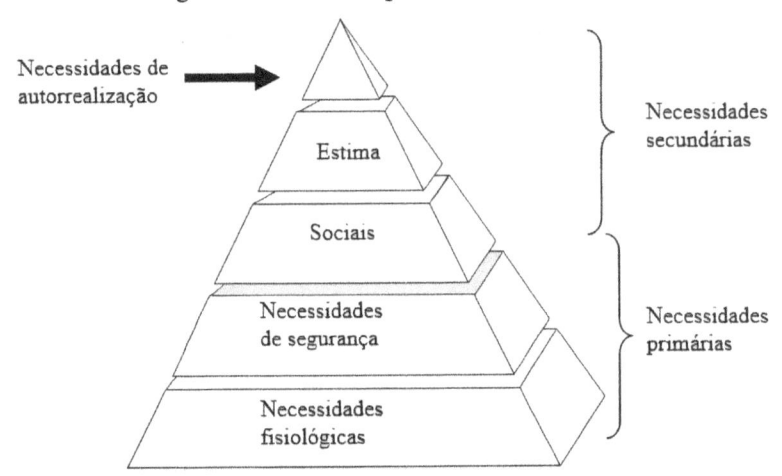

Figura 13.1 – Hierarquia das necessidades.

Fonte: Elaborada pelo autor.

Na base da pirâmide estão as necessidades fisiológicas, que devem ser as primeiras a serem satisfeitas. A lógica de

Maslow é clara: um homem com fome (necessidade fisiológica) dificilmente se preocupará com aceitação grupal (necessidade social). À medida que as necessidades mais básicas são satisfeitas, surgem as necessidades mais elevadas. Não se trata de uma satisfação completa, mas de uma satisfação suficiente para que uma pessoa deixe de se preocupar excessivamente e possa se concentrar em outro tipo de necessidade.

## 13.4 Teoria dos Dois Fatores

Explorando as conclusões de Maslow, Frederick Herzberg abordou as fontes de motivação no trabalho. Ele percebeu que as necessidades mais altas (sociais, estima, autorrealização) eram fatores de motivação ou satisfação, enquanto as necessidades localizadas mais abaixo na pirâmide eram fatores de insatisfação ou desmotivação.

Herzberg chamou os fatores de insatisfação de "fatores de higiene", pois são necessidades básicas que as pessoas geralmente esperam ter satisfeitas. Esses apenas evitam a insatisfação e não estão diretamente ligados ao trabalho, de modo que sua satisfação não implica necessariamente maior eficiência nas atividades laborais.

Os fatores motivacionais (necessidades superiores) estão diretamente ligados à satisfação no trabalho e implicam diretamente maior eficácia, produtividade e eficiência.

A Administração deve manter um nível mínimo de satisfação desses dois tipos de necessidades, ou pelo menos a expectativa de satisfação; caso contrário, tanto os fatores higiênicos quanto os motivacionais podem influir negativamente no desempenho do trabalhador.

## 13.5 Teoria X & Y de McGregor e a Teoria Z de Ouchi

Douglas McGregor (1906-1964), em 1960, definiu dois tipos de gerentes: X e Y. Os gerentes X têm uma visão tradicional, acreditando que os subordinados precisam de supervisão constante, não gostam de trabalhar, são preguiçosos e motivados apenas por interesses próprios, alinhados à visão de *homo economicus*. Em contraste, os gerentes Y têm uma visão mais moderna e positiva, vendo os subordinados como pessoas capazes, dispostas a colaborar, responsáveis e altruístas, desde que as condições adequadas sejam proporcionadas.

No final da década de 1970, William G. Ouchi (1943-), em seu livro **Teoria Z:** Como as Empresas Podem Enfrentar o Desafio japonês, expandiu a teoria de McGregor ao adaptá-la ao modelo japonês de administração. A Teoria Z envolve decisão consensual e em grupo, emprego vitalício, participação dos empregados na definição de melhorias do trabalho e qualidade de vida. Não se trata de uma nova teoria, mas de um conjunto de técnicas administrativas influenciadas pela filosofia e pelos costumes japoneses.

## 13.6 Teoria dos Motivos Humanos

Os estudos de David McClelland, posteriormente corroborados por pesquisas na gigante multinacional AT&T, mostraram que certas necessidades são aprendidas pela interação humana com o meio social. Essas necessidades são categorizadas em três tipos principais: realização, poder e afiliação. Embora todas essas necessidades estejam presentes em cada indivíduo, uma delas tende a sobressair e a dominar a personalidade de cada pessoa.

Com base na necessidade predominante de cada indivíduo, é possível determinar o ambiente de trabalho mais adequado para maximizar seu desempenho. Por exemplo, uma pessoa com alta necessidade de poder tende a ser mais competitiva e apresenta um desempenho superior quando tem oportunidades de ascender rapidamente na hierarquia organizacional. Um gerente com essa característica obterá melhores resultados se colocado em um ambiente competitivo onde possa tomar decisões e ser responsável por elas.

Já um colaborador com forte necessidade de realização será mais produtivo em um contexto que lhe permita exercer sua criatividade e atuar como um verdadeiro empreendedor. Funcionários com grande necessidade de afiliação são mais propensos a ambientes estáveis, onde possam criar raízes e estabelecer relacionamentos duradouros. Para esses indivíduos, setores mais estáticos e com menos mudanças são ideais para otimizar seu desempenho.

Cabe então à Administração alocar os indivíduos nos ambientes de trabalho que melhor se adéquem às suas necessidades predominantes, a fim de maximizar a eficiência organizacional.

## 13.7 Teoria do Reforço

A Teoria do Reforço, baseada nas pesquisas de B. F. Skinner, sustenta que comportamentos reforçados por estímulos positivos tendem a se repetir, enquanto comportamentos punidos ou castigados têm grande probabilidade de não ocorrer novamente. Na Administração, os reforços são aplicados para que os comportamentos desejados sejam aprendidos e mantidos.

De acordo com essa teoria, o administrador tem a capacidade de modificar os comportamentos de seus subordinados na direção desejada, utilizando recompensas e punições. No entanto, para que isso ocorra de forma eficaz, é necessário um controle absoluto do ambiente de trabalho.

**13.8 Teoria da Expectativa**

Victor Vroom explica o comportamento humano com base em metas individuais e nas respectivas expectativas de sucesso. Como um ser racional, o ser humano é capaz de escolher determinados resultados e criar expectativas realistas sobre suas chances de alcançá-los, sublimando necessidades básicas (como as descritas por Maslow e Herzberg) ou até mesmo superando barreiras aparentemente intransponíveis.

Um maratonista é capaz de sublimar a fome e a sede porque acredita na vitória, com alguns chegando a desmaiar logo após cruzar a linha de chegada. Esse tipo de situação não é exclusivo do esporte; é também comum no ambiente de trabalho. Há casos de executivos que sacrificam sua vida social (necessidades sociais) e negligenciam o sono e a alimentação (necessidades básicas) para cumprir um cronograma ou concluir um grande projeto, na expectativa de receber uma recompensa justa pelo seu esforço.

De acordo com essa teoria, a Administração deve vincular as recompensas, desejadas pelos colaboradores e verdadeiramente merecidas, ao desempenho individual. Dessa forma, os colaboradores serão adequadamente motivados a alcançar altos níveis de desempenho.

## 13.9 Teoria da Equidade

Henri Fayol, em seu 11º princípio geral de Administração, já mencionava a importância da equidade nas relações de trabalho, especialmente nos fatores relacionados à remuneração e às recompensas. Entretanto, foi somente com os estudos de Stacy Adams – da General Electric – que se percebeu a força motivadora da luta pela igualdade dentro das organizações.

Em outras palavras, se um funcionário percebe que está sendo injustiçado pelo sistema de remuneração ou de recompensas adotado pela empresa, inevitavelmente surgirão conflitos de diversas naturezas. No entanto, a percepção de que o processo de distribuição de recompensas é justo e coerente com as habilidades e os potenciais individuais, como experiência, escolaridade, tempo de serviço etc., leva os colaboradores a acreditarem na empresa, buscar aprimoramento e melhorar seu desempenho, na certeza de que, em comparação com os demais, serão recompensados de forma justa.

## 13.10 Sistemas de Administração

Chester Barnard (1886-1961) – outro estudioso de Administração e behaviorista – definiu as organizações como sistemas cooperativos onde há interação entre duas ou mais pessoas cooperando para atingir um objetivo comum, desde que haja justificativa para esse esforço. Naturalmente, quando a organização é pequena, os objetivos pessoais se confundem com os organizacionais.

Chris Argyris (1923-2013) admitiu que é perfeitamente possível a integração de interesses pessoais e organizacionais, o que permitiria às empresas atingirem alta produtividade. A responsabilidade para criar e manter este clima de cooperação e integração de esforços é da Administração, que deve e pode gerir a organização de modo a contribuir enormemente com o desenvolvimento do potencial individual e da própria organização.

Rensis Likert (1903-1981) – sociólogo e psicólogo – ainda dentro dos pressupostos do behaviorismo, estabeleceu quatro sistemas diferentes de administração que podem ser adotados pelo Administrador para buscar maior eficiência organizacional, conforme características do meio ambiente, da tarefa, da situação e de outras variáveis significativas. Os sistemas propostos por Likert estão resumidos no quadro abaixo.

Quadro 13.1 – Sistemas de administração.

|  | COERCITIVO | BENEVOLENTE | CONSULTIVO | PARTICIPATIVO |
| --- | --- | --- | --- | --- |
| Decisões | Centralizadas | Pequena delegação | Consultadas | Delegadas |
| Comunicação | De cima para baixo | De cima para baixo e vice-versa | Verticais e laterais | Todas as direções |
| Relações interpessoais | Proibido | Toleradas | Confiança | Envolvimento |
| Recompensas | Punições | Punições justificadas | Materiais e sociais | Simbólicas e sociais |
| Tipos de empresas | De baixa tecnologia | Indústrias | Serviços | Alta tecnologia |

Fonte: Elaborado pelo autor com base em Likert (1975).

## 13.11 Conclusões

A Administração é a grande responsável pelo desenvolvimento do potencial individual e organizacional; para isso, conta com várias teorias motivacionais capazes de determinar papéis humanos dentro das organizações, de acordo com os objetivos organizacionais e em conformidade com os individuais. Entretanto, deve-se ter cuidado ao aplicar as ciências do comportamento nas empresas para não exagerar na consideração de conceitos opostos como satisfeito/insatisfeito, satisfaciente/insatisfaciente, racional/não racional.

A abordagem comportamental é muito mais descritiva do que prescritiva, embora tenha propiciado uma profunda reformulação na filosofia administrativa, com novos conceitos e uma análise organizacional focada na dimensão do comportamento humano.

Por fim, deve-se destacar a grande valorização do recurso humano trazida pela Teoria da Administração behaviorista. Enquanto os clássicos – de forma simplista e mecanicista – consideravam as pessoas como seres passivos, e as relações humanas apenas identificavam algumas poucas necessidades e valores pessoais que impeliam os trabalhadores a participarem das organizações, os behavioristas foram além. Eles reconheceram que as pessoas raciocinam, têm opinião, resolvem problemas e tomam decisões não só em função de necessidades – principalmente, em função da percepção da situação problemática.

# CAPÍTULO XIV – ABORDAGEM CONTINGENCIAL

## 14.1 Contingencialismo

Quem já ouviu falar em um plano de contingência deve ter pelo menos uma vaga noção do que isso significa. Esse tipo de plano é elaborado com a intenção de prever ações a serem adotadas no caso de ocorrer alguma situação fora daquilo que seria normalmente esperado, ou seja, é uma maneira de procurar se preparar para tudo.

Um exemplo do que significa contingencial pode ser encontrado na gestão de crises empresariais. Imagine uma empresa de tecnologia que depende fortemente de componentes eletrônicos importados para a fabricação de seus produtos. Suponha que um desastre natural, como um terremoto, ocorra na região onde os fornecedores estão localizados, interrompendo a produção e a entrega desses componentes. Nesse cenário, a empresa precisaria ter um plano de contingência elaborado previamente, que poderia incluir ações como:

1) Identificar fornecedores alternativos: já ter uma lista de fornecedores alternativos, possivelmente em outras regiões ou países, que possam fornecer os componentes necessários em um curto período de tempo.

> • Estoque de segurança: manter um estoque de segurança de componentes críticos para

garantir que a produção possa continuar por um determinado período enquanto se busca uma solução mais permanente.

• Negociação de prazos e condições: estar preparado para negociar prazos e condições especiais com clientes, explicando a situação e buscando ajustes temporários nas entregas.

• Ajustes na produção: redirecionar a produção para outros produtos que não dependem dos componentes afetados, mantendo a atividade e o fluxo de caixa da empresa.

• Comunicação interna e externa: ter um plano de comunicação claro para informar os funcionários sobre as ações a serem tomadas e os clientes quanto a possíveis atrasos ou mudanças nos produtos.

Portanto, contingencial significa algo que pode ou não acontecer, algo incerto, mas que deve ser considerado. Em Administração, essa palavra é de grande importância, pois, lidando com competição acirrada, novas tecnologias surgindo a cada dia, mercados instáveis, capitais extremamente voláteis, consumidores cada vez mais exigentes e conscientes de seus direitos, é praticamente impossível para o administrador agir com certeza absoluta, saber exatamente que rumo tomar ou traçar planos inflexíveis. Em outras palavras, o ambiente hoje é altamente instável e contingencial. A todo momento ocorrem situações que não foram ou não podiam ser exatamente previstas e que – de qualquer forma – precisam ser enfrentadas. Por isso, a abordagem contingencial é tão importante para a Ciência Administrativa.

Ela admite que não há uma fórmula única, uma panaceia ou uma receita universalmente válida para resolver todos os problemas administrativos, mas que as variáveis envolvidas no problema em questão e as condições daquele momento é que vão determinar a melhor abordagem a ser adotada. Isto não quer dizer que as escolas vistas até aqui perdem o sentido e a propriedade; pelo contrário, a abordagem contingencial valida todas as demais, ao reconhecer que para cada situação há uma forma diferente e mais adequada de análise e solução.

## 14.2 A Teoria da Contingência na Administração

A teoria da contingência afirma que tudo é relativo e que é o ambiente externo que determina as teorias e técnicas a serem utilizadas pelo administrador, bem como as melhores alternativas de ação administrativa a serem adotadas, sempre em uma postura flexível e aberta de "se isso ocorrer, então se fará isto".

A socióloga inglesa Joan Woodward (1916-1971) foi a primeira a questionar se os pressupostos das diversas teorias administrativas realmente se correlacionavam positivamente com os resultados organizacionais. Em 1958, ela coordenou uma pesquisa com 100 empresas, dividindo-as por tipo de produção: unitária, em massa e automatizada. Este estudo lhe permitiu concluir que a estrutura organizacional era dependente do tipo de tecnologia empregado. Ela confirmou que, quanto mais previsível era a produção, maior o número de níveis hierárquicos na empresa. Além disso, verificou o que denominou como imperativo tecnológico: a tecnologia determinava não só a estrutura, mas também o comportamento da organização; portanto, a empresa era diretamente dependente de seu meio externo, e não o contrário.

Em 1961, dois outros sociólogos ingleses – Tom Burns e George M. Stalker – confirmaram por meio de novas pesquisas que o ambiente era realmente o fator determinante tanto da estrutura quanto do funcionamento das empresas. As práticas administrativas variavam enormemente de empresa para empresa, sempre respeitando as exigências de seu meio ambiente externo. Esses dois pesquisadores diferenciaram as empresas em dois tipos de sistemas, conforme o quadro seguinte.

Quadro 14.1 – Sistemas orgânico e mecânico.

| CARACTERÍSTICAS | SISTEMA ORGÂNICO | SISTEMA MECÂNICO |
|---|---|---|
| Meio ambiente | Instável, dinâmico | Estável |
| Estrutura | Flexível | Permanente |
| Autoridade | Conhecimento | Hierárquica |
| Funções | Cargos polivalentes | Especialistas |
| Processo decisório | Centralizado | Descentralizado |
| Comunicações | Verticais | Horizontais |
| Ênfase organizacional | Informal | Normas e regulamentos |
| Teorias aplicadas | Relações humanas/ Sistemas | Clássica |

Fonte: Barros Neto; Souza (2002), com base em Burns; Stalker (1961).

Em 1962, Alfred Chandler – um renomado historiador de empresas – realizou um estudo detalhado das empresas Sears, General Motors e Dupont. Chandler descobriu que essas organizações, ao longo de sua existência, adaptaram continuamente suas estruturas organizacionais e estratégias em resposta às demandas impostas pelo ambiente externo. Ele verificou que as empresas bem-sucedidas passaram por um processo histórico que incluiu a acumulação inicial de recursos, a racionalização do uso desses recursos, a sustentação do crescimento e a racionalização do crescimento, sempre ajustando suas estruturas e estratégias às contingências do momento histórico.

Em 1972, Paul Lawrence e Jay Lorsch conduziram uma pesquisa com o objetivo de identificar as características que permitiriam às empresas enfrentarem com sucesso as condições externas do ambiente. Eles estudaram três setores industriais diferentes: plásticos, alimentos e recipientes. Os resultados dessa pesquisa, que consolidaram a teoria contingencial como uma abordagem administrativa válida, mostraram que os principais desafios das empresas estavam relacionados a duas questões fundamentais: integração e diferenciação.

Quanto mais uma organização cresce, mais ela se diferencia, ela se divide em subsistemas especializados (departamentos, seções, gerências) para desempenhar melhor suas tarefas e atender mais adequadamente às demandas do ambiente. No entanto, ao se diferenciar, surge a necessidade inexorável de coordenar e unir os esforços desses vários subsistemas, ou seja, integrá-los no sistema maior, que é a organização. Esse é o grande desafio das organizações, que, se não for bem resolvido, pode levar à desestabilização e à desintegração.

Portanto, o funcionamento eficiente de um sistema organizacional depende da perfeita integração de todos os seus subsistemas. O sucesso de uma empresa é a expressão da capacidade de alta diferenciação conjugada a uma grande habilidade de integração, mantendo a organização permanentemente ajustada às necessidades de seu meio ambiente. Dessa forma, não existe uma única maneira de administrar; as empresas precisam ser – sistematicamente – ajustadas às condições ambientais para serem bem-sucedidas.

**14.3 O Ambiente Organizacional**

Tudo o que envolve externamente uma organização é considerado seu ambiente, incluindo clientes, fornecedores, tecnologia, leis, economia, política, ecologia, cultura e quaisquer fatores que afetem ou sejam afetados direta ou indiretamente pela organização. O ambiente organizacional possui duas dimensões: a geral – mais ampla e abrangente – e a específica ou de tarefa – de onde a organização extrai suas entradas e para onde expele suas saídas.

O ambiente de uma empresa pode ser classificado como homogêneo, caracterizado por poucos tipos de mercados, ou heterogêneo, quando apresenta grandes diferenças de mercado, clientes, fornecedores, concorrentes, entre outros. Além disso, o ambiente pode ser estável, com poucas mudanças, ou instável, se as mudanças são frequentes e variadas.

A variável tecnológica no ambiente organizacional é extremamente singular. Joan Woodward demonstrou que a tecnologia é incorporada pelas empresas no seu ambiente interno, influenciando suas operações. James D. Thompson (1920-1973) classificou a tecnologia em diferentes categorias:

- Sequencial: produção em massa realizada em série.
- De ligação: conexão de clientes, como na telefonia.

- Intensiva: requer várias habilidades e especializações, como em hospitais.
- Flexível: aplicável a vários tipos de produtos.
- Fixa: utilizável apenas em um único tipo de produto ou serviço.

A tecnologia se tornou parte indissociável do estudo da Administração. No contexto atual, ela é sinônimo de eficiência, racionalização, velocidade e qualidade. A rápida evolução tecnológica exige que as organizações se adaptem continuamente para manter a competitividade e atender às expectativas do mercado.

Atualmente, a digitalização e a automação transformaram significativamente o ambiente organizacional. Tecnologias emergentes como inteligência artificial, Internet das Coisas (IoT) e *blockchain* estão redefinindo processos, criando novos paradigmas de eficiência e inovação. As organizações precisam estar atentas às mudanças tecnológicas para aproveitar as oportunidades e mitigar os riscos associados.

A sustentabilidade e a responsabilidade social corporativa também são fatores ambientais cada vez mais importantes. As empresas devem considerar os impactos ecológicos e sociais de suas operações, integrando práticas sustentáveis em suas estratégias para atender às demandas de consumidores conscientes e regulamentações ambientais cada vez mais rigorosas.

A compreensão e a adaptação ao ambiente e à tecnologia são fundamentais para o sucesso organizacional. A abordagem contingencial permanece relevante, pois permite que as empresas ajustem suas estratégias e estruturas de acordo com as condições variáveis do ambiente externo.

## 14.4 Estratégias Organizacionais

No cenário empresarial contemporâneo, marcado por incertezas e volatilidade, muitos gestores questionam a validade de dedicar tempo à elaboração de planos, uma vez que as contingências podem alterar drasticamente o contexto, fazendo com que os planos se tornem obsoletos. Alguns defendem um estilo de administração *ad hoc*, altamente contingencial, como a melhor abordagem para a gestão empresarial.

É fundamental distinguir entre planejamento e execução *ad hoc*. Planejamento envolve a definição dos objetivos organizacionais, uma função essencial da administração que não pode ser negligenciada. A partir do planejamento, surgem os planos que podem ser ajustados conforme necessário. Assim como um barco precisa de direção para chegar a um porto, uma organização necessita de um norte definido pelo planejamento estratégico.

O planejamento estratégico define a direção e a missão da organização valendo-se de diretrizes amplas e gerais que fundamentam as estratégias a serem seguidas em um horizonte temporal longo. Estratégias são entendidas como objetivos e metas de longo prazo, e os cursos de ação necessários para alcançá-los, permitindo à empresa manter o controle em situações adversas e ter alternativas estratégicas em caso de necessidade.

O planejamento tático, realizado no nível gerencial, envolve a análise de alternativas para a realização da missão organizacional, sendo mais suscetível a abordagens ad-hocráticas. O planejamento operacional está relacionado às atividades do dia a dia, às rotinas, aos cronogramas e às metas de curtíssimo prazo.

Diversas técnicas auxiliam na elaboração de estratégias organizacionais, como a matriz BCG (Boston Consulting Group), desenho de cenários (desenvolvido pela Shell), análise competitiva, modelo de Porter baseado em baixo custo e diferenciação, e modelo Delta (melhor serviço, *lock-in* de sistema, soluções para clientes). O essencial é direcionar os esforços para onde está migrando o valor dos negócios da empresa.

O segredo de qualquer estratégia é – primeiramente – estabelecer uma política global de relacionamento com o cliente e definir um ponto de diferenciação competitiva. Em segundo lugar, adotar uma postura de competição não direta, utilizando a força e o poder do adversário ao invés de enfrentá-lo diretamente em um embate que pode resultar em grandes perdas para ambos os lados. Casos clássicos como Kmart *versus* WalMart e Netscape *versus* Microsoft ilustram os riscos de confrontos diretos.

Viabilizada pelas tecnologias modernas, a informação em tempo real é crucial para a adaptação e tomada de decisões estratégicas. A capacidade de acessar informações e dela se utilizar de forma eficaz, combinada com a flexibilidade para ajustar planos conforme necessário, permite que as organizações se mantenham competitivas e resilientes em um ambiente empresarial dinâmico. Além disso, um pouco de sorte para estar no lugar certo na hora certa e a percepção do momento adequado para mudar também desempenham um papel significativo no sucesso organizacional.

## 14.5 Conclusões

Cada uma das teorias administrativas estudadas até o momento oferece uma abordagem distinta para a gestão das organizações, refletindo os fenômenos históricos, sociais, culturais e econômicos de sua época. Cada teoria apresenta soluções dentro de sua própria perspectiva e amplia o leque de opções disponíveis ao administrador.

A Teoria Contingencial destaca a multidimensionalidade das organizações e propõe delineamentos organizacionais e ações gerenciais adaptados a situações específicas. Esta teoria reconhece que não existe uma maneira ideal de administrar ou organizar, pois tudo depende das circunstâncias e do meio ambiente.

O administrador deve desenvolver habilidades de diagnóstico para tomar decisões acertadas no momento oportuno, já que a Teoria Contingencial se aplica a inúmeras situações administrativas. Para alterar o comportamento da organização, o administrador deve agir sobre as contingências ambientais, obtendo assim consequências diferentes e melhores resultados.

A Teoria Contingencial é eclética e integradora, combinando teoria e prática em uma visão relativista. Ela nos ensina que "não existe uma única fórmula perfeita para todas as empresas. Existe, no entanto, uma fórmula perfeita para cada empresa. A tarefa do executivo é criar a organização que melhor atenda à meta de entregar lucrativamente o maior valor aos clientes" (Gertz; Baptista, 1998, p. 135). Esta perspectiva enfatiza a necessidade de adaptação constante e a flexibilidade organizacional para enfrentar os desafios do ambiente empresarial contemporâneo.

# CAPÍTULO XV – ORGANIZAÇÕES DE APRENDIZAGEM

## 15.1 Aprendizagem Organizacional

A aprendizagem organizacional é o processo contínuo pelo qual uma organização adquire, desenvolve e transfere conhecimento, habilidades e práticas que permitem melhorar seu desempenho ao longo do tempo. Está intimamente ligada ao desenvolvimento do capital intelectual, pois envolve a transformação de informações e experiências individuais em conhecimento coletivo e ações organizacionais. No entanto, o foco principal da aprendizagem organizacional é a adaptação e melhoria contínua baseada em novas informações e experiências, mais do que a gestão sistemática dos ativos de conhecimento existentes.

Embora Theodore Levitt (1925-2006) já tivesse intuído que organizações – como sistemas vivos – também têm a capacidade de aprender, adquirir novas habilidades e desenvolver comportamentos, foi apenas na década de 1980 que a abordagem da aprendizagem organizacional ganhou destaque, especialmente com o lançamento do *best-seller* **A Quinta Disciplina,** por Peter Senge (1994).

O ponto central do livro de Senge era desmantelar a ilusão de que o mundo é composto por forças isoladas (uma visão não sistêmica) e conscientizar a liderança empresarial de que as organizações evoluem como instituições sociais interconectadas. Nesse sentido, Senge identificou "cinco disciplinas" que deveriam estar presentes nas pessoas e, consequentemente, nas organizações para garantir a aprendizagem contínua e a realização das mais altas aspirações (necessidades de autoatualização).

**Quadro 15.1** – Disciplinas que devem estar presentes nas pessoas e nas organizações.

| DISCIPLINA | CONTEÚDO |
|---|---|
| Domínio pessoal | Capacidade de concentrar energias no que é importante |
| Modelos mentais | Paradigmas e ideias arraigadas na mente, difíceis de mudar |
| Objetivo comum | União em torno de objetivos, valores e compromissos comuns |
| Aprendizado grupal | Capacidade de raciocinar e aprender em grupo |
| Raciocínio sistêmico | Quinta disciplina, entendimento de que tudo está interligado no mesmo esquema |

Fonte: Elaborado pelo autor com base em Senge (1994).

O desenvolvimento organizacional dessas cinco disciplinas permitiria às empresas e seus colaboradores se engajarem – a longo prazo –, reconhecerem as falhas na maneira habitual de agir, irem além dos objetivos pessoais, motivarem-se e compreenderem que os problemas não são causados por fatores externos ou fora de controle, mas por nós mesmos. A organização de aprendizagem, portanto, seria aquela que continuamente expande a capacidade de criar seu próprio futuro.

## 15.2 Cultura de Aprendizagem e Inovação Contínua

A cultura de aprendizagem e inovação contínua é um elemento central nas organizações que buscam se destacar em um ambiente de negócios altamente competitivo e em constante transformação. Esta cultura envolve um compromisso coletivo com a educação contínua, experimentação e melhoria constante, permitindo que a organização se adapte às novas oportunidades e prospere diante de novos desafios.

A criação de uma cultura de aprendizagem começa com a liderança. Líderes devem exemplificar um compromisso com o aprendizado e a inovação, incentivando suas equipes a seguirem o exemplo. Eles devem promover um ambiente onde os colaboradores se sintam seguros para experimentar novas ideias, cometer erros e aprender com eles. A liderança deve também fornecer os recursos necessários para o desenvolvimento profissional, incluindo acesso a treinamentos, *workshops* e outras oportunidades de aprendizado.

A inovação contínua é – igualmente – importante. Organizações de aprendizagem não apenas respondem às mudanças, mas também as antecipam e as lideram. Isso requer um ambiente que favoreça a criatividade e a experimentação. Ferramentas como o *design thinking* e a metodologia ágil podem ser utilizadas para promover uma abordagem iterativa e centrada no usuário na resolução de problemas e no desenvolvimento de novos produtos e serviços.

Para sustentar uma cultura de aprendizagem e inovação, é essencial ter sistemas e processos que facilitem o compartilhamento de conhecimento. Plataformas de colaboração digital, repositórios de conhecimento e comunidades de prática são exemplos de infraestruturas que podem suportar essas atividades. Esses sistemas devem ser projetados para serem intuitivos e acessíveis, incentivando a participação ativa de todos os membros da organização.

Além disso, é importante reconhecer e recompensar os comportamentos que sustentam a cultura de aprendizagem e inovação. Isso pode incluir sistemas de reconhecimento formal, como prêmios e promoções, bem como formas informais de reconhecimento, como elogios públicos e agradecimentos. O reconhecimento motiva os indivíduos, e sinaliza para toda a organização a importância desses valores.

A avaliação e o *feedback* contínuos são componentes essenciais de uma cultura de aprendizagem. As organizações devem implementar mecanismos para medir o impacto das iniciativas de aprendizado e inovação, utilizando métricas claras e acionáveis. O *feedback* regular permite ajustes e melhorias constantes, garantindo que as práticas e os processos permaneçam relevantes e eficazes.

Em suma, a cultura de aprendizagem e inovação contínua é vital para o sucesso a longo prazo das organizações. Ela capacita os colaboradores, promove a adaptabilidade e posiciona a organização como líder em seu campo. Investir no desenvolvimento dessa cultura é um passo estratégico para qualquer organização que deseja permanecer competitiva e relevante em um mundo em constante evolução

## 15.3 Aprendizagem Organizacional e Adaptação às Mudanças

A aprendizagem organizacional e a adaptação às mudanças são processos interligados e essenciais para a resiliência e o sucesso das organizações no ambiente de negócios moderno. A capacidade de aprender continuamente e adaptar-se rapidamente às novas circunstâncias permite que as organizações não apenas sobrevivam, mas prosperem em um cenário de constantes transformações.

A aprendizagem organizacional envolve a coleta, a interpretação e a integração de informações que permitem à organização melhorar suas práticas e processos. Isso inclui a análise de experiências passadas, tanto sucessos quanto fracassos, e a aplicação desses *insights* para melhorar o desempenho futuro. Organizações que conseguem aprender de forma eficaz são capazes de evitar a repetição de erros e capitalizar rapidamente em novas oportunidades.

Para facilitar a adaptação às mudanças, as organizações devem desenvolver uma mentalidade de flexibilidade e abertura. Isso começa com a liderança, que deve promover uma visão clara e inspiradora que oriente a organização por meio das mudanças. Líderes eficazes comunicam a importância da adaptabilidade e criam um ambiente no qual a mudança é vista como uma oportunidade, não uma ameaça.

Os processos de *feedback* e reflexão são cruciais para a aprendizagem organizacional. Isso pode ser implementado com revisões pós-ação, onde as equipes analisam o que funcionou bem e o que pode ser melhorado após a conclusão de um projeto ou iniciativa. Esses momentos de reflexão permitem ajustes contínuos e o desenvolvimento de melhores práticas fundamentais para a adaptação rápida e eficaz às novas realidades do mercado.

A tecnologia desempenha um papel significativo na aprendizagem organizacional e na adaptação às mudanças. Ferramentas de análise de dados – por exemplo – permitem que as organizações identifiquem tendências emergentes e ajustem suas estratégias de acordo. Além disso, plataformas de comunicação e colaboração digital facilitam o compartilhamento rápido e eficaz de informações, permitindo que a organização responda de maneira ágil às mudanças.

A criação de uma infraestrutura de suporte para a aprendizagem contínua também é vital. Isso inclui o investimento em treinamento e desenvolvimento, a criação de comunidades de prática e a implementação de sistemas de gestão do conhecimento. Essas infraestruturas garantem que o conhecimento esteja disponível e acessível quando necessário, suportando a adaptação rápida e eficaz.

Por fim, a adaptação às mudanças requer uma abordagem proativa e estratégica. Organizações bem-sucedidas monitoram continuamente o ambiente externo, identificando tendências e antecipando mudanças. Elas desenvolvem planos de contingência e estão preparadas para ajustar suas operações e estratégias rapidamente. Esta abordagem proativa minimiza o impacto negativo das mudanças e maximiza as oportunidades de crescimento e inovação.

## 15.4 Processos Organizacionais

Processos são atividades sequenciais estabelecidas pela Administração, dentro de normas e padrões previamente definidos, que, ao serem realizadas, geram uma saída transformada em algo de maior valor. Um processo pode ser definido como um conjunto de atividades destinadas a produzir serviços ou produtos desejados pelos clientes, de acordo com uma lógica preestabelecida e com agregação de valor, ou ainda, resumidamente, atividades que transformam entradas conhecidas em saídas desejadas. De modo geral, qualquer atividade exercida por uma pessoa ou grupo de pessoas em uma organização, em que exista uma entrada, uma transformação e uma saída, pode ser considerada um processo.

Para atender aos clientes de maneira mais eficiente e aproveitar os conhecimentos adquiridos pelo aprendizado junto aos seus consumidores, as empresas criam processos de trás para frente, que começam com o primeiro contato com os fornecedores e vão até os contatos finais com os clientes após a compra: assistência pós-venda e contratos de manutenção.

Portanto, o aprendizado com os clientes permite à empresa concentrar-se não apenas nos processos que têm relação direta com a produção ou com o atendimento ao cliente, mas em todos os processos: entrada de pedidos, pesquisa, administração de escritório, contatos com clientes, entrega, logística, assistência técnica, garantia etc.

À medida que a empresa vai sedimentando esses processos, ela aprende a entender melhor duas coisas: primeiro, quais processos realmente agregam valor e quais não agregam e – assim – pode aplicar seus conhecimentos organizacionais para descartar processos de baixo valor e manter e estimular os processos de alto valor agregado. Toda empresa tem – pelo menos – três tipos de processos fundamentais de alto valor.

> a) Eficácia operacional: envolve todos os elementos da cadeia de fornecimento, com o foco principal em criar uma infraestrutura de custos e ativos eficazes para garantir as operações da empresa.
> b) Foco no Cliente: abrange todas as atividades destinadas a atrair, manter e satisfazer o

cliente, assegurando um relacionamento duradouro e satisfatório.

c) Inovação: refere-se a todas as atividades que buscam manter um fluxo contínuo de melhorias nos produtos e serviços existentes, bem como desenvolver novos produtos e serviços que garantam a permanência da empresa no mercado.

Os processos devem ser constantemente analisados e avaliados para mantê-los em aprimoramento contínuo. Processos que não agregam mais valor suficiente para justificar sua existência na organização devem ser eliminados.

## 15.5 As Funções Administrativas frente às Novas Tendências

Segundo a nova abordagem organizacional, empresas que não conseguem acompanhar e se adaptar às mudanças do meio ambiente sofrem de deficiências de aprendizado. Essas empresas frequentemente ignoram que os maiores problemas são causados por fatores internos, focam em objetivos de curto prazo, não percebem mudanças ao redor, acreditam-se onipotentes e não reconhecem que problemas e dificuldades estão mais ligados à maneira de pensar do que à estrutura ou à política organizacional.

A abordagem da aprendizagem e do conhecimento permite que as organizações enfrentem novas tendências do mundo contemporâneo: aumento do ritmo das mudanças, turbulências e incertezas, fim do emprego tradicional, robotização, inteligência artificial, comoditização de produtos e serviços, extinção de intermediários de baixo valor agregado, interconectividade e infinita disponibilidade de informações, globalização de consumidores e mercados, biotecnologia, fundamentalismo religioso, colonização espacial (com a ISS como o primeiro passo), conscientização ecológica, restrição ao consumo de recursos naturais, nova demografia, geração X, megafusões, entre outras.

As funções administrativas estarão aptas a encarar essas novas tendências – desde que respeitem as leis do raciocínio sistêmico – que mostram que não existe um "lá fora", mas apenas um grande sistema do qual todos fazem parte. Dessa forma, percebe-se que não há elementos isolados, mas inter-relações e padrões de mudança.

Nesse contexto, as funções organizacionais deixam de ter uma abordagem tradicional departamental e assumem uma postura sistêmica. De acordo com a Teoria da Aprendizagem Organizacional, por exemplo, um departamento de *marketing* tradicional perde seu sentido, pois toda a empresa deve atuar de forma integrada em *marketing*. Trata-se de reposicionar as funções empresariais tradicionais como entidades dentro da organização.

As funções administrativas, agora compreendidas como entidades organizacionais, compõem uma complexidade dinâmica, estando profundamente relacionadas, de modo que não mais se divisam separações ou objetivos distintos. Dessa forma, a liderança deixa de usar a força e a política para vencer resistências e divisões, passando a recorrer às habilidades oriundas do aprendizado para identificar as verdadeiras causas dos problemas e promover a integração. Evita-se – com isso – a instabilidade, a oscilação e os conflitos, alcançando-se mais rapidamente os objetivos, com crescimento sustentado pela remoção dos fatores que o limitavam.

Integradas as funções, as pessoas assumem suas parcelas de responsabilidade sobre os problemas e evitam soluções fáceis que apenas os aliviam, em vez de resolvê-los definitivamente, pois sabem que não há para quem transferir os ônus de uma decisão errada. Não existem "outros departamentos", mas apenas um sistema organizacional único.

## 15.6 Aprendizado e Conhecimento Organizacional

As organizações só aprendem com as pessoas que as compõem: são as pessoas que efetivamente aprendem, embora a aprendizagem e o conhecimento adquiridos sejam aplicados na empresa como um todo. A empresa, por sua vez, é a maior beneficiária e democratizadora desse conhecimento, beneficiando também seus clientes, fornecedores e colaboradores internos.

O verdadeiro aprendizado organizacional ocorre apenas quando todas as pessoas em todos os níveis da organização estão aprendendo. Portanto, a administração deve incentivar o domínio pessoal e estimular a criatividade individual, independentemente do nível hierárquico ocupado pelo empregado.

A teoria do conhecimento, decorrente natural da abordagem do aprendizado organizacional, descreve os esforços das organizações para descobrir, coletar e organizar o capital intelectual, ou seja, todo o conhecimento presente na empresa visando a geração de novos conhecimentos.

O acesso rápido à informação é um valioso instrumento de gestão estratégica, e o gerenciamento do conhecimento visa justamente atender à demanda da organização por informações. Cabe ao administrador do conhecimento organizacional sistematizar a captação, o armazenamento e a disseminação de informações de interesse da empresa, produzidas interna ou externamente, bem como instituir, preservar, disseminar e normatizar a produção do conhecimento organizacional.

O primeiro passo na gestão do conhecimento organizacional (que será detalhada no Capítulo XIX) é compilar, registrar e traduzir em linguagem documentária os termos relacionados à semântica e genericamente para cobrir de modo abrangente um domínio específico do conhecimento. Para isso, existem meios tradicionais de arquivamento do conhecimento organizacional, como relatórios técnicos, relatórios de viagens, pareceres, publicações periódicas, projetos, manuais, guias, dossiês e livros.

Atualmente, a tecnologia da informação é a ferramenta mais importante para o administrador do conhecimento organizacional, especialmente considerando as facilidades da internet, da intranet e da extranet, que permitem acesso em tempo real a informações e dados de consumidores, da própria empresa e de fornecedores.

## 15.7 Novas Configurações Organizacionais

A era do aprendizado e do conhecimento organizacional trouxe enormes desafios para a administração. Manter uma estrutura única, estática e definitiva para uma empresa tornou-se cada vez mais difícil, uma vez que o aprendizado implica evolução, aprimoramento e mudanças em consonância com o ambiente externo.

A função de organizar, portanto, transcendeu as fronteiras da empresa e busca novas alternativas estruturais que proporcionem a flexibilidade e da agilidade necessárias para vencer no mercado atual. Surgem novas configurações organizacionais focadas no cliente e na satisfação de suas necessidades, mesmo que isso exija unir-se a concorrentes para agregar habilidades e competências faltantes.

Atualmente, as cadeias tradicionais de suprimento estão se rompendo e sendo substituídas por novas relações de fornecimento, maneiras diferentes de organizar negócios e entregar valor, mesmo em mercados industriais. Configurações multilaterais, como alianças, organizações em rede e organizações virtuais, estão emergindo:

> a) Adhocracia: uma organização cuja estrutura privilegia a descentralização por meio da máxima especialização horizontal, poucas regras e normas, quase nenhum controle e o mínimo indispensável de níveis hierárquicos.
> b) Alianças: associações de curta, média ou longa duração entre duas (bilaterais) ou mais organizações (multilaterais) que cooperam devido a necessidades e objetivos comuns. Nesse caso, habilidades, riscos e esforços são compartilhados.
> c) Aliança estratégica: uma aliança guiada por uma estratégia de negócios que lhe dá forma e estrutura.
> d) Aliança horizontal: visa competências complementares vinculadas a informações, P&D ou oportunidades específicas.
> e) Aliança transacional: aliança limitada a áreas específicas de duas ou mais empresas, como publicidade cooperativa e compras.

f) Aliança vertical: estabelecida dentro de uma mesma cadeia de valor para aproveitar a economia de escala dos parceiros em cada um dos elos.

g) Aliança competitiva: não possui obrigações legais e visa apenas alcançar padrões ou objetivos específicos.

h) Coespecialização: aliança para criar maior valor por meio da combinação de recursos, capacidades, habilidades, competências e conhecimentos de diferentes empresas que destinam recursos únicos e especializados.

i) Cooptação: unir-se a possíveis concorrentes, neutralizando-os.

j) *Joint-venture*: associação legal, geralmente entre duas empresas, com a finalidade de criar uma nova cadeia de valor para penetrar em novos mercados. As empresas continuam agindo independentemente fora do mercado-alvo.

k) Organizações virtuais: alianças temporárias entre organizações que fazem parte de uma rede e juntas possuem as competências necessárias para oferecer um produto ou serviço desejado pelo cliente.

l) Organizações em rede: série de ligações, vínculos e dependências estabelecidas entre um grupo de empresas.

m) Portfólio de alianças: grupo de alianças bilaterais, separadas, estabelecidas por uma organização.

n) Teia: grupo de alianças interdependentes, embora possam agir independentemente.

o) Estratégia de alianças: alianças estão ligadas à estratégia organizacional e se desenvolvem conforme buscam soluções complexas que requerem recursos não disponíveis em uma única empresa. A globalização e a acirrada competição impõem essas novas configurações, mesmo às organizações mais tradicionais, pois nem elas conseguem fugir da marcha inevitável do mercado rumo às megatendências do mundo moderno.

## 15.9 Conclusões

Organizações, assim como os seres humanos que as compõem, têm a capacidade de aprender e desenvolver novos conhecimentos, tecnologias e competências. Os erros são parte dessa aprendizagem e devem ser encarados como experiências cujos benefícios ainda não foram extraídos.

À administração cabe criar uma cultura organizacional onde as pessoas tenham a liberdade de estabelecer seus próprios objetivos, com o compromisso com a verdade sendo a regra maior e o desafio permanente de mudar para melhor. Novas ideias devem fluir naturalmente, livres das amarras dos paradigmas que limitam o pensar e o agir das pessoas dentro da organização. O ambiente, reflexo dessa cultura, deve ser de engajamento total, para que as pessoas se sintam estimuladas não pela derrota do oponente, mas pelo sentimento real de estarem contribuindo com um objetivo maior, fazendo tudo o que é necessário dentro de suas competências.

O administrador precisa transformar o planejamento habitual em aprendizado, e para isso pode contar com inúmeras técnicas. O mais importante é abrir espaço para que os colaboradores participem da responsabilidade pelo todo e não apenas de sua parte. O aprendizado em grupo só será possível na medida em que a capacidade grupal de criar os resultados que seus membros realmente desejam esteja efetivamente alinhada com o processo de desenvolvimento dos objetivos organizacionais. De fato, o grupo deve aprender a canalizar o potencial criativo de todas as pessoas que o compõem, de tal forma que a inteligência grupal seja muito maior do que a soma das inteligências individuais.

Nas organizações de aprendizagem, todos os participantes são livres para levantar objeções, apresentar sugestões, dar opiniões e, sobretudo, manter o diálogo aberto. Enquanto as organizações tradicionais precisam de sistemas administrativos que controlem o comportamento das pessoas, as organizações de aprendizagem estão empregando todos os esforços para melhorar a qualidade do raciocínio, a capacidade de desenvolver objetivos comuns e a análise grupal de problemas complexos. O fato de não haver um controle explícito nas organizações de aprendizagem não significa que não haja controle algum. Pelo contrário, o controle mais efetivo é aquele distribuído em vários processos por todo o sistema, como, por exemplo, o sistema imunológico de um ser humano saudável.

Em síntese, a aprendizagem organizacional e a adaptação às mudanças são capacidades críticas para o sucesso a longo prazo. Ao desenvolver uma cultura de aprendizado contínuo, promover a flexibilidade e investir em tecnologia e infraestrutura de suporte, as organizações podem se preparar melhor para enfrentar e aproveitar as mudanças no ambiente de negócios contemporâneo.

Finalmente, pode-se dizer, conforme Tomasko (1997, p. 223), que o aprendizado organizacional ocorre quando

> gera-se ou adquire-se novo conhecimento, mudanças são efetuadas com espírito de experimentação e não a partir de uma certeza absoluta, o erro é aceito como uma oportunidade de aprender algo novo e não como motivo de punições, e novas ideias são amplamente disseminadas e geram mudanças no que os funcionários e gerentes estão fazendo.

# CAPÍTULO XVI – GESTÃO DO CONHECIMENTO

## 16.1 Fundamentos e Conceitos da Gestão do Conhecimento

A gestão do conhecimento se tornou uma das principais áreas de foco para organizações que buscam manter a competitividade e promover a inovação em um ambiente de negócios dinâmico e globalizado. Este capítulo abordará os fundamentos e conceitos da gestão do conhecimento, os processos de captura e compartilhamento, a implementação de iniciativas, as tecnologias de informação e comunicação, e as melhores práticas de gestão do conhecimento.

A gestão do conhecimento é um campo interdisciplinar que se concentra na criação, no compartilhamento, no uso e no armazenamento eficiente do conhecimento dentro das organizações. A compreensão e a aplicação eficaz da gestão do conhecimento podem fornecer uma vantagem competitiva significativa ao permitir que as empresas utilizem suas competências internas de forma mais eficaz.

O conhecimento organizacional pode ser categorizado em dois tipos principais: conhecimento tácito e explícito. O conhecimento tácito é pessoal, específico de contexto e difícil de formalizar, sendo frequentemente adquirido pela experiência e pela prática. Já o conhecimento explícito é formal e sistematizado, facilmente comunicado e compartilhado por meio de documentos, manuais e bases de dados.

A gestão do conhecimento visa transformar o conhecimento tácito em explícito, e vice-versa, um processo descrito como espiral do conhecimento. Esse conceito, desenvolvido por Nonaka e Takeuchi (1997), enfatiza que o conhecimento é criado por meio da interação contínua entre o tácito e o explícito, permitindo que novas ideias e inovações surjam dentro das organizações. A figura abaixo ilustra esse conceito:

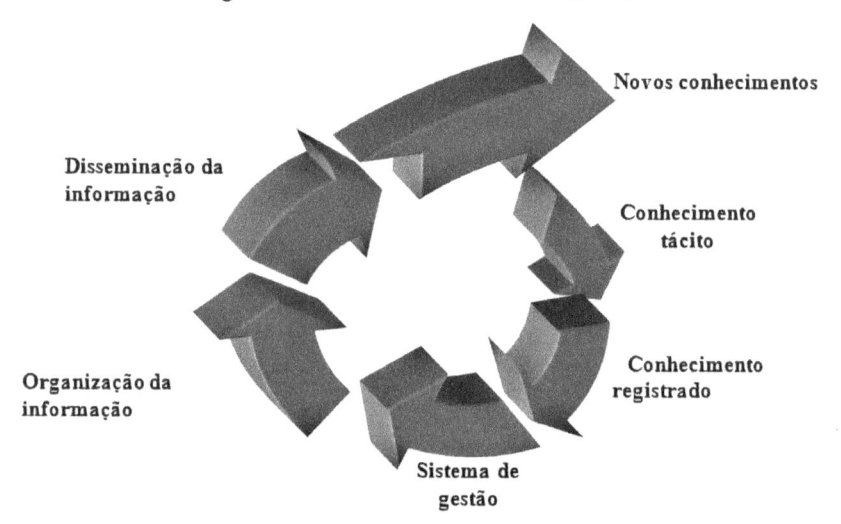

Figura 16.1 – Gestão do conhecimento.

- Novos conhecimentos
- Conhecimento tácito
- Conhecimento registrado
- Sistema de gestão
- Organização da informação
- Disseminação da informação

Fonte: Elaborada pelo autor.

A gestão do conhecimento organizacional se refere ao processo sistemático de identificar, criar, armazenar, compartilhar e aplicar o conhecimento dentro de uma organização. O capital intelectual é fundamental aqui, pois inclui os ativos intangíveis, como conhecimentos, habilidades, experiências e competências dos funcionários, que a organização deve gerenciar eficazmente para gerar valor. A gestão do conhecimento organiza e utiliza esses ativos para melhorar a eficiência, inovação e competitividade da empresa. Inclui práticas e tecnologias para capturar e distribuir conhecimento, garantindo que o capital intelectual seja utilizado de maneira eficaz para atingir os objetivos estratégicos da organização.

## 16.2 O Capital Intelectual

Embora o conhecimento seja intangível, ele pode ser medido com relativa precisão. Em 1995, a Skandia, uma empresa de seguros escandinava, divulgou seu relatório anual de Capital Intelectual – conhecimento organizacional – baseado no modelo Navigator de Leif Edvinsson e Michael S. Malone. Esse relatório representou uma primeira tentativa metodológica de valorar o conhecimento organizacional. *Grosso modo*, podemos afirmar que o valor de mercado de uma empresa é dado pela equação:

Valor de Mercado = Valor Contábil + Capital Intelectual

Segundo Stewart (1997), em meados da década de 1990, a IBM tinha um valor de mercado de US$ 70,7 bilhões, enquanto seu valor contábil era de apenas US$ 16,6 bilhões, indicando que seu capital intelectual era 4,25 vezes maior do que a soma de seus ativos. Na mesma época, a Microsoft apresentava um valor de mercado de US$ 85,5 bilhões para um valor contábil de apenas US$ 930 milhões, portanto, seu capital intelectual valia 91,93 vezes mais que todos os seus valores contabilizáveis.

De forma bem resumida, podemos classificar o capital intelectual como a soma do capital humano (pessoas e suas capacidades) e do capital estrutural, composto pelo capital de inovação (capacidade de a empresa estar sempre inovando), do capital de processo (a maneira única como a empresa sabe fazer as coisas) e pelo capital de relações (solidez, confiança e lealdade no relacionamento da empresa com seu ambiente: clientes, fornecedores, funcionários etc.).

A medição e a valorização do conhecimento organizacional permitem às empresas compreenderem melhor seus ativos intangíveis e utilizá-los de forma estratégica para criar valor.

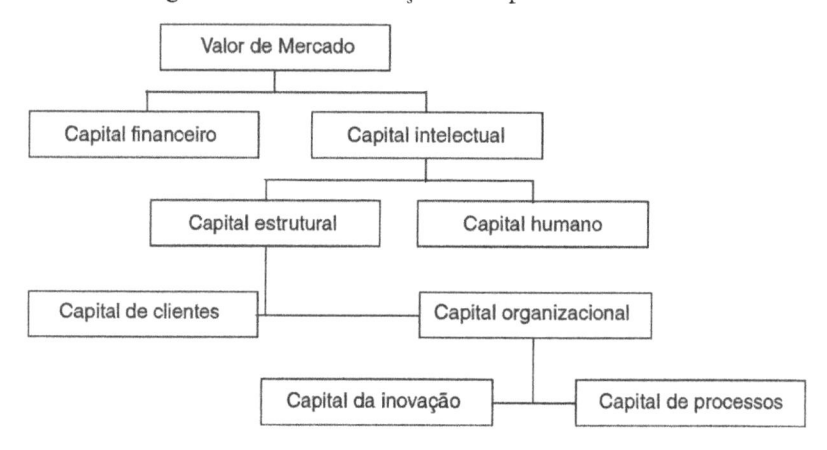

**Figura 16.2** – Classificação do capital intelectual.

```
                    ┌─────────────────────┐
                    │  Valor de Mercado   │
                    └──────────┬──────────┘
              ┌────────────────┴────────────────┐
    ┌─────────┴────────┐              ┌─────────┴────────┐
    │ Capital financeiro│              │ Capital intelectual│
    └──────────────────┘              └─────────┬────────┘
                            ┌───────────────────┴──────────┐
                  ┌─────────┴────────┐           ┌─────────┴────────┐
                  │ Capital estrutural│           │  Capital humano  │
                  └─────────┬────────┘           └──────────────────┘
         ┌────────────────┬─┘
┌────────┴─────────┐    ┌─┴──────────────────────┐
│Capital de clientes│    │ Capital organizacional │
└──────────────────┘    └────────┬───────────────┘
              ┌──────────────────┴──────────────┐
    ┌─────────┴─────────┐             ┌─────────┴────────┐
    │Capital da inovação│             │Capital de processos│
    └───────────────────┘             └──────────────────┘
```

Fonte: Edvinsson; Malone (1998, p. 47).

Embora o capital intelectual esteja mais diretamente relacionado à gestão do conhecimento, ele também é fundamental para a aprendizagem organizacional, discutida anteriormente, pois ela depende do desenvolvimento e da ampliação do capital intelectual, porque é por meio do aprendizado contínuo que os indivíduos e a organização como um todo aumentam suas capacidades. Em última análise, uma gestão eficaz do conhecimento suporta a aprendizagem organizacional ao fornecer as bases e os recursos necessários para que a organização se adapte e melhore continuamente.

O capital intelectual é mais associado à gestão do conhecimento devido ao seu foco na valorização e sistematização dos ativos intangíveis da organização. No entanto, ele também é um componente vital da aprendizagem organizacional, que se beneficia da gestão eficaz desses ativos para promover a adaptação e a melhoria contínua.

## 16.3 Processos de Captura e Compartilhamento do Conhecimento

Os processos de captura e compartilhamento do conhecimento são fundamentais para a gestão do conhecimento. A captura envolve identificar, documentar e armazenar o conhecimento existente dentro da organização. Isso pode incluir práticas como entrevistas com especialistas, mapeamento de processos e uso de tecnologias de captura de conhecimento, como sistemas de gestão documental e repositórios de conhecimento.

O compartilhamento do conhecimento, por sua vez, é o processo de disseminar o conhecimento capturado para aqueles que podem utilizá-lo. Isso pode ser feito utilizando diversas práticas, como *workshops*, treinamentos, plataformas de colaboração e comunidades de prática. A cultura organizacional desempenha um papel crucial nesse processo, pois uma cultura que incentiva a colaboração e a troca de informações facilita o compartilhamento eficaz do conhecimento.

A criação de um ambiente que promove a confiança e a abertura é essencial para que os colaboradores se sintam confortáveis em compartilhar seu conhecimento. Além disso, o reconhecimento e a recompensa por contribuições de conhecimento podem incentivar ainda mais a participação dos funcionários.

## 16.4 Implementação de Iniciativas de Gestão do Conhecimento

A implementação de iniciativas de gestão do conhecimento requer uma abordagem estratégica e sistemática. O primeiro passo é desenvolver uma estratégia de gestão do conhecimento alinhada com os objetivos organizacionais. Isso envolve identificar as necessidades de conhecimento da organização, definir metas e objetivos claros, e estabelecer métricas para medir o sucesso.

Uma vez que a estratégia está em vigor, o próximo passo é desenvolver e implementar processos e sistemas para apoiar a gestão do conhecimento. Isso pode incluir a criação de bases de dados, o desenvolvimento de políticas de gestão e a integração de tecnologias de informação e comunicação.

A mudança cultural também é um aspecto crítico da implementação de iniciativas de gestão do conhecimento. Isso pode ser alcançado por meio de programas de treinamento e desenvolvimento, comunicação eficaz e envoltura dos líderes organizacionais no apoio e na promoção das iniciativas de gestão do conhecimento.

## 16.5 Tecnologias de Informação e Comunicação na Gestão do Conhecimento

As tecnologias de informação e comunicação (TIC) desempenham um papel vital na gestão do conhecimento, fornecendo as ferramentas e as plataformas necessárias para a captura, o armazenamento, o compartilhamento e o uso do conhecimento. Algumas das principais TIC usadas na gestão do conhecimento incluem sistemas de gestão documental, plataformas de colaboração, sistemas de gerenciamento de conteúdo e ferramentas de análise de dados.

Os sistemas de gestão documental permitem que as organizações armazenem e gerenciem grandes volumes de documentos e informações de forma estruturada, facilitando a busca e a recuperação de conhecimento. As plataformas de colaboração, como intranets e ferramentas de rede social corporativa, promovem a comunicação e o compartilhamento de conhecimento entre os funcionários.

As ferramentas de análise de dados, como *big data* e *analytics*, permitem que as organizações extraiam *insights* valiosos a partir de grandes volumes de dados, transformando dados brutos em conhecimento acionável. Além disso, tecnologias emergentes – como inteligência artificial e *machine learning* – estão sendo cada vez mais integradas aos sistemas de gestão do conhecimento, proporcionando novas maneiras de capturar e utilizar o conhecimento.

### 16.6 Melhores Práticas de Gestão do Conhecimento

Implementar práticas eficazes de gestão do conhecimento é essencial para maximizar os benefícios dessas iniciativas. Algumas das melhores práticas incluem:

> 1. Desenvolver uma cultura de compartilhamento de conhecimento: incentivar uma cultura organizacional que valorize a colaboração e a troca de informações.

2. Estabelecer processos claros de gestão do conhecimento: definir e documentar processos para a captura, o armazenamento, o compartilhamento e o uso do conhecimento.
3. Utilizar tecnologias adequadas: implementar e manter sistemas de TIC que suportem eficazmente a gestão do conhecimento.
4. Treinar e desenvolver continuamente: prover treinamentos regulares para os funcionários sobre a importância e as práticas de gestão do conhecimento.
5. Avaliar e ajustar continuamente: monitorar o desempenho das iniciativas de gestão do conhecimento e fazer ajustes conforme necessário para melhorar a eficácia.

Essas práticas ajudam a garantir que o conhecimento é gerenciado de forma eficiente e contribui para a inovação e o desempenho organizacional.

## 16.7 Conclusões

A gestão do conhecimento é um componente crítico para o sucesso das organizações no ambiente de negócios atual. Ao compreender os fundamentos e os conceitos da gestão do conhecimento, implementar processos eficazes de captura e compartilhamento, utilizar as TIC de forma estratégica, as organizações podem transformar o conhecimento em uma vantagem competitiva sustentável.

Iniciativas bem-sucedidas de gestão do conhecimento requerem uma abordagem estratégica, o apoio da liderança e uma cultura organizacional que valorize o compartilhamento e a utilização do conhecimento. Ao adotar as melhores práticas e monitorar continuamente o desempenho, as organizações podem assegurar que estão aproveitando ao máximo o seu capital intelectual.

Em um mundo no qual a velocidade das mudanças e a quantidade de informação continuam a aumentar, a capacidade de gerenciar e utilizar o conhecimento de maneira eficaz será cada vez mais vital para a competitividade e o sucesso organizacional.

# CAPÍTULO XVII – TECNOLOGIA E INOVAÇÃO NA GESTÃO

## 17.1 Transformação Digital e seu Impacto nas Organizações

A transformação digital é um processo profundo e abrangente que envolve a integração de tecnologias digitais em todas as áreas de uma organização, alterando fundamentalmente a forma como as empresas operam e entregam valor aos clientes. Esta transformação não se limita apenas à adoção de novas tecnologias, mas também implica uma mudança cultural que exige que as organizações desafiem o *status quo*, experimentem continuamente e se adaptem às mudanças.

No contexto da transformação digital, as empresas estão repensando suas estratégias e modelos de negócios para se manterem competitivas. A digitalização dos processos operacionais permite uma maior eficiência e agilidade, reduzindo custos e aumentando a capacidade de resposta às demandas do mercado. A implementação de tecnologias como a computação em nuvem, a IoT e o *blockchain* tem revolucionado setores inteiros, proporcionando novas oportunidades de inovação e crescimento.

Um exemplo claro desse impacto é a transformação dos modelos de negócio tradicionais para modelos baseados em plataformas digitais. Empresas como Amazon, Uber e

Airbnb exemplificam como a digitalização pode criar novos mercados e alterar radicalmente as indústrias estabelecidas. Essas plataformas não apenas facilitam transações e interações, mas também utilizam dados e algoritmos para otimizar operações, personalizar experiências do cliente e prever tendências de mercado.

A transformação digital também impõe desafios significativos, incluindo a necessidade de desenvolver novas competências digitais, gerir a segurança cibernética e lidar com a resistência à mudança dentro das organizações. A liderança contribui de maneira significativa nesse processo, sendo responsável por fomentar uma cultura de inovação, incentivar a experimentação e proporcionar os recursos necessários para a implementação de iniciativas digitais.

## 17.2 Inteligência Artificial e Automação de Processos

A inteligência artificial (IA) e a automação de processos representam algumas das mais poderosas ferramentas tecnológicas disponíveis para as organizações modernas. A IA, com suas capacidades de aprendizado de máquina, processamento de linguagem natural e visão computacional, está transformando a maneira como as empresas operam e tomam decisões.

A automação de processos, por meio de tecnologias como a Automação de Processos Robóticos (RPA), permite que as organizações automatizem tarefas repetitivas e baseadas em regras, liberando os colaboradores para se concentrarem em atividades mais estratégicas e de maior valor agregado. A RPA pode ser aplicada em diversas áreas, como finanças, recursos humanos, atendimento ao cliente e operações, melhorando a eficiência e reduzindo erros.

Um dos benefícios mais significativos da IA é a capacidade de analisar grandes volumes de dados em tempo real, fornecendo *insights* valiosos para a tomada de decisão. A análise preditiva e prescritiva permite que as empresas antecipem tendências, identifiquem oportunidades de mercado e melhorem a precisão das previsões. Além disso, a IA está sendo utilizada para personalizar a experiência do cliente, desenvolver produtos e serviços inovadores e otimizar cadeias de suprimentos.

A implementação de IA e automação também traz desafios éticos e de governança. Questões relacionadas à privacidade de dados, transparência dos algoritmos e o impacto no emprego precisam ser cuidadosamente gerenciadas. As organizações devem adotar uma abordagem responsável para o uso da IA garantindo que as decisões automatizadas sejam justas, explicáveis e respeitem os direitos dos indivíduos.

## 17.3 *Big Data* e Análise de Dados na Tomada de Decisão

O *big data* se refere à coleta, ao armazenamento e à análise de grandes volumes de dados que são gerados em alta velocidade e variedade. A capacidade de processar e interpretar esses dados tem se tornado um diferencial competitivo vital para as organizações. A análise de *big data* permite identificar padrões, tendências e correlações que não seriam visíveis por métodos tradicionais de análise de dados.

A integração de *big data* na tomada de decisão empresarial está transformando setores como finanças, saúde, varejo e manufatura. No setor financeiro – por exemplo – a análise de *big data* está sendo utilizada para detectar fraudes, prever riscos e otimizar investimentos. Na área da saúde, está ajudando a personalizar tratamentos, prever surtos de doenças e melhorar a gestão hospitalar.

Ferramentas de análise avançada – como algoritmos de aprendizado de máquina, inteligência artificial e visualização de dados – estão permitindo que as organizações obtenham *insights* acionáveis a partir de seus dados. A análise descritiva fornece uma visão clara do que aconteceu no passado, enquanto a análise preditiva e prescritiva ajuda a prever o futuro e a recomendar ações específicas.

Para tirar o máximo proveito do *big data*, as organizações precisam investir em infraestrutura tecnológica adequada, como sistemas de armazenamento em nuvem, ferramentas de análise de dados e segurança cibernética. Além disso, é fundamental desenvolver as competências analíticas dos colaboradores e promover uma cultura orientada por dados.

## 17.4 Gestão da Inovação e Ecossistemas de *Startups*

A gestão da inovação é um processo sistemático que envolve a criação, o desenvolvimento e a implementação de novas ideias, produtos, serviços e processos dentro de uma organização. Em um ambiente de negócios dinâmico e altamente competitivo, a capacidade de inovar rapidamente é essencial para a sobrevivência e o crescimento das empresas.

Os ecossistemas de *startups* têm se destacado como importantes motores de inovação. *Startups* são organizações jovens e ágeis que exploram novas ideias e tecnologias para desenvolver soluções inovadoras. As grandes empresas estão cada vez mais buscando parcerias com *startups* para acelerar seu processo de inovação, acessar novas tecnologias e captar talentos empreendedores.

A colaboração entre grandes empresas e *startups* pode ocorrer de várias formas, como investimentos de capital de risco, programas de aceleração, incubadoras e parcerias estratégicas. Essas interações permitem que as grandes empresas se beneficiem da agilidade e da criatividade das *startups*, enquanto estas obtêm acesso a recursos, mercado e conhecimento das empresas estabelecidas.

Para gerir a inovação de forma eficaz, as organizações devem adotar uma abordagem estruturada que inclua a definição de uma estratégia de inovação clara, a criação de uma cultura que incentive a experimentação e o aprendizado, e a implementação de processos e ferramentas que facilitem a geração e o desenvolvimento de novas ideias.

## 17.5 O Papel das Redes Sociais e Plataformas Digitais na Gestão Empresarial

As redes sociais e as plataformas digitais desempenham um papel cada vez mais central na gestão empresarial. Elas oferecem uma maneira eficaz de conectar-se com clientes, colaboradores e parceiros, além de fornecerem uma vasta quantidade de dados que podem ser usados para melhorar as operações e a estratégia da organização.

As redes sociais – Facebook, X (antigo Twitter), LinkedIn, WhatsApp, TikTok, YouTube, Kwai, Pinterest, Snapchat, Instagram etc. – são ferramentas poderosas para o *marketing* digital, permitindo que as empresas alcancem e engajem seu público-alvo de maneira mais eficaz e personalizada. Além disso, essas plataformas são fundamentais para a gestão da reputação e do relacionamento com o cliente, permitindo um *feedback* rápido e a resolução de problemas em tempo real.

As plataformas digitais, como *e-commerce*, *marketplaces* e aplicativos móveis, estão transformando a maneira como as empresas operam e interagem com seus clientes. Elas oferecem novas oportunidades de negócio, facilitam transações e permitem uma personalização maior dos produtos e serviços oferecidos. A integração dessas plataformas com sistemas de gestão empresarial (ERP, CRM etc.) permite uma visão holística do negócio, melhorando a eficiência e a tomada de decisão.

A utilização eficaz de redes sociais e plataformas digitais requer uma estratégia bem definida, com objetivos claros e métricas de desempenho específicas. As empresas precisam investir em competências digitais e em ferramentas de análise para monitorar e otimizar suas atividades nessas plataformas.

## 17.6 Conclusões

A tecnologia e a inovação são elementos fundamentais para a gestão empresarial no século XXI. A transformação digital, a IA, o *big data*, a gestão da inovação e o uso estratégico de redes sociais e plataformas digitais estão redefinindo a forma como as organizações operam e competem no mercado global.

Para aproveitar plenamente as oportunidades oferecidas por essas tecnologias, as organizações devem adotar uma abordagem proativa e estratégica. Isso inclui investir em infraestrutura tecnológica, desenvolver competências digitais, promover uma cultura de inovação e estabelecer parcerias com *startups* e outros atores do ecossistema de inovação.

O papel do administrador moderno é integrar essas tecnologias e práticas inovadoras de maneira que agreguem valor à organização e respondam – de forma ágil e eficiente – às mudanças constantes do ambiente de negócios. A combinação de conhecimento teórico e aplicação prática, aliada a uma visão estratégica e uma liderança inspiradora, será a chave para o sucesso das organizações na era digital.

A jornada da transformação tecnológica e da inovação é contínua e exige um compromisso constante com o aprendizado e a adaptação. Nesse sentido, as empresas que conseguirem equilibrar a exploração de novas oportunidades tecnológicas com a excelência operacional terão uma vantagem competitiva significativa no cenário global.

# CAPÍTULO XVIII – SUSTENTABILIDADE E RESPONSABILIDADE SOCIAL CORPORATIVA

## 18.1 Práticas Sustentáveis e Gestão Ambiental

No contexto atual, práticas sustentáveis e gestão ambiental se tornaram pilares fundamentais para a administração moderna. A conscientização crescente sobre as mudanças climáticas, a escassez de recursos naturais e a degradação ambiental impulsionaram organizações a adotarem políticas e práticas que minimizem seu impacto ambiental. Essas práticas abrangem desde a implementação de sistemas de gestão ambiental até a adoção de tecnologias limpas e processos produtivos sustentáveis.

Um sistema de gestão ambiental eficaz envolve a análise dos processos operacionais da empresa para identificar e reduzir impactos negativos ao meio ambiente. Isso inclui a gestão eficiente de resíduos, a redução de emissões de gases de efeito estufa, o uso racional de água e energia e a escolha de matérias-primas sustentáveis. Empresas que adotam certificações como a ISO 14001 demonstram um compromisso formal com a sustentabilidade, garantindo que suas operações estejam alinhadas com padrões internacionais de gestão ambiental.

Além das práticas operacionais, a inovação tecnológica desempenha um papel crucial na gestão ambiental. Tecnologias verdes, tais como energia solar, eólica e biomassa, estão sendo cada vez mais incorporadas nas operações empresariais para reduzir a dependência de combustíveis fósseis. A digitalização e a automação de processos também contribuem para a eficiência energética e a redução de desperdícios, demonstrando que a sustentabilidade pode ser um motor de inovação e competitividade.

## 18.2 Responsabilidade Social, ESG e Ética nos Negócios

A responsabilidade social corporativa (RSC) vai além da gestão ambiental, abrangendo a maneira como as empresas interagem com todas as partes interessadas – incluindo funcionários, clientes, fornecedores e a comunidade em geral. O conceito de ESG (*Environmental, Social, and Governance*) tornou-se um *framework* essencial para avaliar o desempenho das empresas nessas três dimensões críticas.

No aspecto ambiental, as empresas devem mostrar comprometimento com práticas que protejam e preservem o meio ambiente. No campo social, a atenção se volta para o bem-estar dos funcionários, a diversidade e a inclusão no local de trabalho, e o impacto positivo nas comunidades onde operam. A dimensão de governança abrange práticas éticas e transparentes, como a gestão de riscos, a conformidade regulatória e a responsabilidade fiduciária.

A ética nos negócios é um componente central do ESG. Práticas empresariais éticas garantem que as operações estejam alinhadas com a legislação, com os valores e as expectativas da sociedade. Isso inclui combate à corrupção, transparência nas operações e um compromisso com a equidade e a justiça social. Empresas que abraçam os princípios do ESG tendem a ganhar a confiança e a lealdade de seus *stakeholders*, o que se traduz em vantagem competitiva sustentável.

## 18.3 Impacto Social e Econômico das Organizações na Comunidade

As organizações têm um papel significativo no desenvolvimento social e econômico das comunidades onde estão inseridas. O impacto social positivo pode ser medido por meio de iniciativas que promovam a educação, a saúde, a capacitação profissional e o bem-estar geral da população. Programas de responsabilidade social corporativa – frequentemente – incluem parcerias com ONGs, investimentos em infraestrutura comunitária e projetos que promovem a inclusão social.

O impacto econômico das empresas nas comunidades é igualmente importante. Isso inclui a criação de empregos, o desenvolvimento de fornecedores locais e o aumento da renda local. Empresas responsáveis buscam maximizar esses impactos positivos ao adotar políticas de contratação local e apoiar o desenvolvimento de pequenas e médias empresas na cadeia de suprimentos. Além disso, investimentos em inovação e tecnologia podem estimular o desenvolvimento econômico regional, criando um ciclo virtuoso de crescimento sustentável.

Para medir e comunicar esses impactos, muitas empresas utilizam relatórios de sustentabilidade, que detalham suas contribuições sociais e econômicas. Esses relatórios fortalecem a transparência e a responsabilidade, além de permitir que as empresas identifiquem áreas para melhoria contínua e engajem mais efetivamente com seus *stakeholders*.

## 18.4 Economia Circular e Desenvolvimento Sustentável

A transição de um modelo econômico linear, baseado em extrair, produzir, consumir e descartar, para um modelo de economia circular é fundamental para o desenvolvimento sustentável. A economia circular promove a reutilização, a reciclagem e a regeneração de materiais e produtos, reduzindo o desperdício e a dependência de recursos naturais finitos.

Empresas que adotam a economia circular buscam fechar os ciclos de produção, transformando resíduos em novos recursos. Isso pode ser alcançado com várias estratégias, como a reciclagem de materiais, a remanufatura de produtos, a implementação de sistemas de devolução e reuso, e o *design* de produtos pensando em seu ciclo de vida completo. Ao fazer isso, as empresas reduzem seu impacto ambiental, e podem descobrir novas oportunidades de negócios e reduzir custos operacionais.

Além disso, a economia circular exige uma mudança de mentalidade em relação ao consumo. Em vez de se concentrar na posse de produtos, as empresas podem oferecer serviços que garantam a funcionalidade e a durabilidade, como modelos de *leasing*, compartilhamento e manutenção. Esse enfoque não só beneficia o meio ambiente, mas também pode atender às expectativas dos consumidores modernos, que estão cada vez mais conscientes e exigentes em relação à sustentabilidade.

## 18.5 Governança Corporativa e Transparência

A governança corporativa eficaz é essencial para garantir que as práticas sustentáveis e socialmente responsáveis sejam integradas na estratégia e operações da empresa. A governança corporativa envolve um conjunto de práticas, políticas e procedimentos que garantem que a empresa seja gerida de forma ética, transparente e alinhada com os interesses de todas as partes interessadas.

Transparência é um dos princípios fundamentais da governança corporativa. As empresas devem ser abertas sobre suas operações, decisões e impactos, comunicando-se de forma clara e honesta com seus *stakeholders*. Relatórios de sustentabilidade e ESG são ferramentas essenciais para essa transparência, fornecendo informações detalhadas sobre o desempenho ambiental, social e de governança da empresa.

A boa governança também envolve a criação de estruturas de controle e *accountability*. Isso inclui a formação de conselhos de administração diversificados e independentes, a implementação de sistemas de gestão de riscos robustos e a adoção de códigos de conduta e políticas de ética rigorosas. A integridade na governança fortalece a reputação da empresa, bem como melhora seu desempenho a longo prazo, ao construir confiança e lealdade entre clientes, investidores e a sociedade em geral.

## 18.6 Conclusões

A sustentabilidade e a responsabilidade social corporativa são mais do que tendências passageiras; são elementos essenciais para a sobrevivência e o sucesso das organizações no século XXI. Práticas sustentáveis e gestão ambiental, integradas com responsabilidade social e governança eficaz, criam um modelo de negócios que não apenas minimiza impactos negativos, mas também maximiza os benefícios sociais e econômicos para todas as partes interessadas.

Ao adotar práticas de ESG e promover uma cultura organizacional que valorize a ética, a transparência e a inovação, as empresas podem posicionar-se como líderes responsáveis em suas indústrias. A transição para uma economia circular e o investimento em iniciativas de impacto social positivo são passos críticos para o desenvolvimento sustentável, beneficiando tanto o meio ambiente quanto a comunidade.

Em última análise, as organizações que incorporam esses princípios em suas operações diárias demonstram preparo para enfrentar os desafios de um mundo em constante mudança, ao mesmo tempo em que criam valor duradouro para seus *stakeholders*.

Este capítulo destaca a importância de um compromisso contínuo com a sustentabilidade e a responsabilidade social corporativa e fornece um roteiro para empresas que desejam liderar pelo exemplo em um mercado cada vez mais consciente e exigente.

# CAPÍTULO XIX – GESTÃO DA DIVERSIDADE E INCLUSÃO

## 19.1 Estratégias para Promoção da Diversidade nas Organizações

No mundo corporativo contemporâneo, a gestão da diversidade e inclusão tornou-se uma prioridade estratégica para empresas que buscam inovar e prosperar em um mercado globalizado. A diversidade abrange uma ampla gama de características, incluindo gênero, raça, etnia, orientação sexual, idade, capacidade física, entre outras. Para promover efetivamente a diversidade, as organizações devem adotar estratégias abrangentes e sustentáveis que vão além das políticas de recrutamento e seleção.

Uma estratégia eficaz começa com um compromisso claro da liderança. A alta direção deve demonstrar, de forma contínua, seu compromisso com a diversidade e inclusão, integrando esses valores na visão e missão da empresa. Isso pode ser alcançado valendo-se de declarações públicas, políticas internas robustas e criação de um ambiente onde todos se sintam valorizados e respeitados.

Programas de treinamento e desenvolvimento são igualmente cruciais. Treinamentos sobre preconceitos inconscientes, por exemplo, ajudam a sensibilizar os funcionários sobre suas próprias atitudes e comportamentos, promovendo um ambiente mais inclusivo. Além disso, mentoria e programas de desenvolvimento de carreira podem ser implementados para garantir que todos os funcionários tenham oportunidades iguais de crescimento e progresso dentro da organização.

## 19.2 Cultura Organizacional Inclusiva e Equidade de Gênero

A construção de uma cultura organizacional inclusiva é fundamental para garantir que todos os funcionários se sintam parte integral da empresa. Uma cultura inclusiva é aquela que acolhe a diversidade, promovendo a colaboração, o respeito mútuo e a valorização das diferenças individuais. Para criar tal cultura, é essencial que a liderança adote uma abordagem proativa, envolvendo todos os níveis da organização.

Equidade de gênero é uma das dimensões mais importantes da inclusão. As empresas devem adotar políticas e práticas que garantam igualdade de oportunidades para homens e mulheres. Isso inclui a revisão das políticas de remuneração para eliminar disparidades salariais, a promoção de mulheres para cargos de liderança e a implementação de políticas de flexibilidade no trabalho que atendam às necessidades de equilíbrio entre vida profissional e pessoal.

A criação de grupos de afinidade ou redes de apoio, como redes de mulheres, também pode fortalecer a cultura inclusiva. Esses grupos oferecem um espaço seguro para discutir desafios específicos, compartilhar experiências e desenvolver estratégias para superar obstáculos. Eles também podem servir como uma plataforma para influenciar as políticas e práticas organizacionais, assegurando que a equidade de gênero seja efetivamente integrada na cultura da empresa.

## 19.3 Gestão da Diversidade Cultural e Racial

A diversidade cultural e racial é uma realidade nas organizações modernas, refletindo a composição multicultural da sociedade global. Para gerenciar efetivamente essa diversidade, as empresas devem reconhecer e valorizar as diferentes perspectivas e experiências que cada indivíduo traz para o ambiente de trabalho. Isso requer uma abordagem que combine políticas inclusivas com práticas de engajamento contínuo.

Políticas de diversidade cultural e racial devem ser claramente definidas e comunicadas a todos os funcionários. Isso inclui a implementação de práticas de recrutamento que visem atrair talentos de diversas origens, a criação de um ambiente de trabalho que celebre as diferenças culturais e a promoção de um diálogo aberto sobre questões raciais e culturais. *Workshops* e eventos culturais podem ajudar a aumentar a conscientização e a sensibilidade, promovendo uma melhor compreensão e respeito entre os funcionários.

Além disso, a criação de comitês de diversidade ou a nomeação de responsáveis pela diversidade pode ser uma estratégia eficaz para monitorar o progresso e garantir a implementação das políticas. Esses comitês podem trabalhar em colaboração com a liderança para identificar áreas de melhoria, desenvolver iniciativas específicas e avaliar regularmente o impacto das ações de diversidade na organização.

## 19.4 Inclusão de Pessoas com Deficiência e LGBTQIAPN+

A inclusão de pessoas com deficiência e membros da comunidade LGBTQIAPN+ é essencial para a criação de um ambiente de trabalho verdadeiramente inclusivo. As organizações devem adotar uma abordagem abrangente que dê conta das barreiras físicas, sociais e culturais que podem impedir a plena participação desses grupos no local de trabalho.

Para pessoas com deficiência, a acessibilidade é fundamental. Isso inclui a adaptação do ambiente físico, como a instalação de rampas, elevadores e banheiros acessíveis, além da disponibilização de tecnologias assistivas que facilitem a execução das tarefas. Também é importante fornecer treinamento aos funcionários sobre como interagir de forma respeitosa e inclusiva com colegas com deficiência, promovendo um ambiente de apoio e colaboração.

No caso da comunidade LGBTQIAPN+, políticas explícitas contra a discriminação e o assédio são essenciais. As empresas devem garantir que todos os funcionários – independentemente de sua orientação sexual ou identidade de gênero – sintam-se seguros e respeitados. Isso pode incluir a implementação de benefícios iguais para casais do mesmo sexo, a criação de banheiros neutros em termos de gênero e a realização de campanhas de conscientização que promovam a inclusão e o respeito à diversidade.

## 19.5 Etarismo e Capacitismo

Etarismo e capacitismo são termos que, cada vez mais, ganham relevância no ambiente corporativo. O etarismo refere-se ao preconceito ou à discriminação com base na idade, geralmente afetando tanto trabalhadores mais jovens, considerados inexperientes, quanto aqueles mais velhos, vistos como ultrapassados. Já o capacitismo é a discriminação contra pessoas com deficiência, baseada na ideia de que sua capacidade produtiva seria inferior. Ambos os conceitos representam desafios significativos para a administração moderna, à medida que impactam a diversidade, a inclusão e a inovação nas organizações.

No mundo corporativo, o etarismo pode levar à exclusão de talentos valiosos. Trabalhadores mais jovens enfrentam barreiras devido à percepção de falta de maturidade, enquanto profissionais mais velhos, frequentemente, têm sua experiência desconsiderada sob o argumento de que não acompanham inovações tecnológicas. Esse preconceito não só limita oportunidades para esses grupos, mas também reduz o potencial criativo e estratégico da empresa, ao impedir que diferentes perspectivas colaborem para a solução de problemas complexos.

O capacitismo é uma barreira invisível, mas profundamente enraizada, que impede pessoas com deficiência de serem incluídas e valorizadas no mercado de trabalho. Muitas vezes, as empresas falham em adaptar seus processos, tecnologias e espaços físicos para acolher esses profissionais, perpetuando a exclusão. Isso ocorre mesmo em um momento em que estudos mostram que a diversidade funcional pode trazer benefícios significativos, incluindo aumento da criatividade, maior engajamento dos funcionários e melhor reputação organizacional.

Combater o etarismo e o capacitismo não é apenas uma questão ética, mas também estratégica. Empresas que valorizam a diversidade etária e funcional observam ganhos expressivos em produtividade. Profissionais mais velhos trazem conhecimento acumulado e redes de contato consolidadas, enquanto os mais jovens injetam energia, novas ideias e familiaridade com tecnologias emergentes. Pessoas com deficiência, por sua vez, podem oferecer perspectivas únicas e soluções inovadoras, desafiando processos obsoletos e ajudando a criar um ambiente mais criativo.

A diversidade é um motor de inovação, e as empresas que reconhecem isso investem em práticas inclusivas. A administração moderna tem buscado criar programas de treinamento que integrem diferentes gerações e perfis, eliminando preconceitos inconscientes. Além disso, políticas de inclusão de pessoas com deficiência, como o redesenho de tarefas e o uso de tecnologias assistivas, demonstram que a adaptação é um investimento que traz retornos tanto financeiros quanto sociais.

Em face do exposto, a liderança desempenha um papel fundamental na criação de um ambiente que combate o etarismo e o capacitismo. Líderes conscientes promovem a inclusão e incentivam equipes diversas, construindo uma cultura organizacional que reconhece e valoriza todas as formas de talento. A gestão de pessoas deve incluir ferramentas para conscientização, além de métricas para avaliar a eficácia das iniciativas de diversidade e inclusão.

Para superar o etarismo e o capacitismo, é essencial que as empresas repensem suas práticas de recrutamento, desenvolvimento e retenção de talentos, e criem ambientes acessíveis, flexíveis e acolhedores para todas as idades, e habilidades não são apenas uma tendência, mas uma necessidade.

## 19.6 Benefícios da Diversidade para a *Performance* Organizacional

A diversidade traz inúmeros benefícios para a *performance* organizacional, contribuindo para a inovação, a criatividade e a tomada de decisão. Estudos demonstram que equipes diversificadas são mais propensas a apresentar soluções inovadoras e a tomar decisões mais informadas, devido à variedade de perspectivas e experiências que seus membros trazem.

Empresas que promovem a diversidade e a inclusão também tendem a atrair e reter talentos de alta qualidade. Um ambiente de trabalho inclusivo é visto como um local onde todos podem crescer e se desenvolver, o que aumenta o engajamento e a satisfação dos funcionários. Além disso, a diversidade melhora a imagem da empresa perante clientes, investidores e a sociedade em geral, fortalecendo a reputação e a marca corporativa.

Outro benefício significativo é a capacidade de atender a uma base de clientes diversificada. Empresas que compreendem e refletem a diversidade de seus clientes estão mais aptas a entender suas necessidades e preferências, desenvolvendo produtos e serviços que atendam a esses mercados de forma mais eficaz. Isso não apenas melhora a satisfação do cliente, mas também pode abrir novas oportunidades de mercado e aumentar a competitividade da empresa.

## 19.7 Conclusões

A gestão da diversidade e inclusão é um imperativo estratégico para as organizações que buscam prosperar em um ambiente global dinâmico e competitivo. As estratégias para promover a diversidade devem ser abrangentes e integradas na cultura organizacional, começando com um compromisso claro da liderança e permeando todas as práticas e políticas empresariais.

A criação de uma cultura organizacional inclusiva e a promoção da igualdade de gênero são fundamentais para garantir que todos os funcionários se sintam valorizados e respeitados. A gestão eficaz da diversidade cultural e racial, bem como a inclusão de pessoas com deficiência e membros da comunidade LGBTQIAPN+ (lésbicas, gays, bissexuais, transgêneros, *queer*, intersexuais, assexuais, pansexuais, não binários), requer uma abordagem proativa e contínua, que aborde tanto as barreiras físicas como as sociais.

Os benefícios da diversidade para a *performance* organizacional são evidentes, contribuindo para a inovação, a satisfação dos funcionários e a competitividade no mercado. Ao adotar práticas inclusivas e valorizar a diversidade, as empresas cumprem suas responsabilidades sociais e criam valor duradouro para todas as partes interessadas, posicionando-se como líderes responsáveis e inovadores em suas indústrias.

À medida que avançamos, organizações que adotam uma abordagem proativa em relação à diversidade colherão os frutos de equipes mais inovadoras, produtivas e resilientes. A inclusão, portanto, deve ser vista como um pilar essencial para o sucesso sustentável na administração contemporânea.

# CAPÍTULO XX – GESTÃO ORGANIZACIONAL FRENTE AOS NOVOS PARADIGMAS

## 20.1 Teoria e Técnicas Administrativas

Há diversas formas de aplicar as teorias administrativas estudadas até agora. Cada aplicação dessas teorias constitui uma técnica: a teoria posta em prática. Embora o senso comum muitas vezes afirme que "na prática, a teoria é diferente", qualquer profissional com uma sólida formação acadêmica sabe que "não há nada mais prático do que uma boa teoria". Cabe ao administrador definir qual a teoria mais adequada a uma determinada situação e, posteriormente, aplicar a técnica mais apropriada.

Não é mais necessário falar extensivamente sobre mudanças, novos paradigmas, globalização ou de transformação digital e seus desafios, pois tudo isso já foi amplamente discutido. A verdade é que mudanças sempre ocorreram e sempre ocorrerão.

Alguém disse que "a única certeza hoje é a mudança", frase que seria perfeita se tivesse sido acrescentado "ontem, hoje e amanhã". A mudança está presente desde que o mundo existe, e isso nunca foi diferente. Não há motivo para temer as mudanças, pois – em essência – o mundo continua mudando, como sempre. A única diferença é que a velocidade das mudanças aumentou, mas o administrador dispõe de um amplo ferramental para acompanhar esse novo ritmo.

A seguir, serão apresentadas algumas técnicas, de forma resumida; embora algumas sejam bastante recentes, baseiam-se nas teorias já vistas. Por exemplo, o famoso 5S japonês está relacionado aos princípios de preparação de Taylor e à organização e disciplina de Fayol.

A revolução do capital intelectual é uma teoria de aprendizagem pura, que já é um desdobramento da teoria sistêmica. Qualidade total mistura teoria clássica com relações humanas, e o *downsizing* usa princípios neoclássicos. O fato é que as técnicas são infinitas, e o administrador sempre tomará conhecimento das últimas novidades, mas a teoria – que é o mais importante – estará sempre em voga e não se desatualiza nunca.

## 20.2 Administração por Objetivos – APO

Conforme abordado na Teoria Neoclássica, os teóricos da Administração dessa época focaram-se nos objetivos e resultados organizacionais. Em 1954, Peter Drucker – um expoente da escola neoclássica – publicou o livro **The Practice of Management**, no qual apresentava a Administração por Objetivos (APO).

A APO consiste em estabelecer objetivos de maneira participativa, na qual superior e subordinado acordam suas metas em consonância com os objetivos de cada departamento, de forma que todas as metas da organização sejam consensuais e interligadas.

Todo o planejamento (estratégico, tático e operacional) é definido com base na mensuração e no controle, permitindo o acompanhamento contínuo da evolução no cumprimento das metas estabelecidas. Os planos são continuamente avaliados, revisados e, se necessário, modificados para garantir o efetivo acompanhamento do desempenho organizacional.

Os gerentes e a equipe devem participar ativamente no processo de fixação dos objetivos, pois, sem essa participação, o processo não funcionará. Os objetivos precisam ser quantificáveis, relevantes, concordantes com os objetivos organizacionais, e devem estimular o trabalho em equipe, o compromisso, a autoavaliação e a autocorreção.

Portanto, a APO é uma técnica participativa de planejamento e avaliação, na qual superiores e subordinados estabelecem conjuntamente os objetivos, que são sistematicamente acompanhados.

A APO melhora o planejamento, o moral e a motivação porque deixa claros os objetivos e os padrões de controle. Cabe observar, porém, que é preciso cuidado para não transformá-la em um meio de coerção e intimidação dos funcionários, evitando que degenere em simples pressão por aumento de lucros.

## 20.3 Desenvolvimento Organizacional – DO

O Desenvolvimento Organizacional (DO) é a aplicação prática da abordagem comportamental nas organizações, utilizando as ciências do comportamento humano para promover flexibilidade e mudanças. O DO reconhece que o ambiente é dinâmico e que as empresas precisam estar em contínua adaptação. As organizações só mudam se as pessoas que as compõem também mudarem, o que leva os teóricos do DO a criticar o poder centralizado da Administração, a divisão do trabalho, a unidade de comando e a especialização, visto que esses aspectos contribuem para a frustração e a alienação dos trabalhadores.

O DO é – portanto – um processo planejado de mudanças estruturais e culturais, com o objetivo de capacitar a organização a diagnosticar, planejar e implementar as modificações necessárias de maneira proativa. Isso garante a perfeita integração organizacional com o meio ambiente e melhora a qualidade de vida dos colaboradores.

Existem várias técnicas, metodologias e modelos de DO aplicáveis a qualquer situação que exija mudanças, seja na estratégia, no clima organizacional, na cultura ou sistemas. O DO é composto por levantamento de dados, diagnóstico e intervenção, permitindo modificações estruturais na organização formal, e comportamentais na informal.

Os leitores encontrarão vasto material sobre modelos de DO para mudanças estruturais (métodos de produção, produtos, organização), comportamentais (desenvolvimento de equipes, seminários de fortalecimento de times, *feedback* de dados, análise transacional, grupos de confrontação, tratamento de conflitos, laboratórios de sensitividade, entre outros), e principalmente para mudanças estruturo-comportamentais (*grid* gerencial, modelo de Lawrence & Lorsch, modelo de eficácia gerencial, modelo de oito etapas de gestão de mudanças de Kotter, entre outros).

É necessário, no entanto, cuidado ao escolher uma dessas técnicas, pois mesmo o DO como um todo não garante a efetivação e a permanência das mudanças sem um esforço contínuo. O DO não pode ser aplicado e depois deixado de lado como se o objetivo tivesse sido alcançado; pelo contrário, o esforço de mudança deve ser um estado organizacional constante.

## 20.4 Outras Técnicas Administrativas e Ferramentas de Gestão

As técnicas administrativas (ou de gestão) e as ferramentas de gestão, embora sejam conceitos inter-relacionados e sejam – frequentemente – usados em conjunto para alcançar os objetivos organizacionais, não são a mesma coisa.

As técnicas de gestão se referem a métodos, abordagens e estratégias utilizadas pelos gestores para alcançar resultados específicos dentro de uma organização. Essas técnicas são práticas que orientam o comportamento gerencial e ajudam a organizar, planejar, liderar e controlar os recursos de uma empresa. Elas envolvem processos e metodologias que podem ser aplicados em diferentes contextos, dependendo das necessidades organizacionais, como, por exemplo, a Matriz SWOT, o *Lean Management* e o *Design Thinking*.

Em se tratando das ferramentas de gestão, são recursos ou instrumentos específicos que facilitam a aplicação das técnicas de gestão. Elas podem ser *softwares*, aplicativos, modelos, diagramas ou qualquer outro tipo de recurso tangível que auxilia os administradores e gestores na execução das técnicas e na tomada de decisões. Ferramentas de gestão são geralmente mais concretas e práticas, proporcionando suporte direto no processo de gestão, como, por exemplo, o BSC (*Balanced Scorecard*) e o CRM (*Customer Relationship Management*).

A seguir, relacionam-se – com uma breve descrição – as principais e mais empregadas técnicas administrativas e ferramentas de gestão à disposição do administrador:

1. Análise da Cadeia de Valor: consiste na subdivisão da empresa em suas atividades principais para entender o

comportamento dos custos e identificar fontes de diferenciação existentes e potenciais.

2. BSC: transforma a visão e a missão empresarial em um conjunto de objetivos e padrões de desempenho que podem ser quantificados e avaliados. Geralmente adota quatro perspectivas de desempenho: financeira, clientes, processos internos e aprendizado e crescimento. Sua aplicação permite incorporar os objetivos estratégicos ao processo orçamentário e facilitar mudanças na organização. Pelo BSC, as organizações podem monitorar o desempenho e alinhar atividades e recursos de maneira consistente com a estratégia global, promovendo uma visão holística da *performance*.

3. *Benchmarking*: é a prática de escolher um padrão de desempenho, geralmente o da melhor empresa em determinado setor, e defini-lo como meta a ser alcançada. O objetivo é descobrir desempenhos superiores e estudar os processos e procedimentos que levaram a esses resultados, para aplicá-los na própria organização.

4. *Brainstorming* (literalmente, tempestade de ideias): é uma reunião de criatividade onde todos os participantes têm liberdade para expor suas ideias, por mais inusitadas que possam parecer.

5. Cinco S (5S): é uma metodologia japonesa composta por procedimentos simples para manter a ordem e a disciplina, aumentando a produtividade e a satisfação no trabalho. As cinco etapas são: *Seiri* (utilização), *Seiton* (organização), *Seiso* (limpeza), *Seiketsu* (padronização) e *Shitsuke* (disciplina).

6. Círculos de Controle da Qualidade (CCQ): são grupos de empregados voluntários que se reúnem regularmente para discutir alternativas e resolver problemas que afetam

a realização do trabalho, com o objetivo principal de melhorar a qualidade dos produtos.

7. *Downsizing*: reestruturação organizacional, visa a reduzir as operações empresariais ao nível mínimo necessário, melhorando a comunicação, agilizando decisões e incentivando a iniciativa dos funcionários.

8. Elaboração de Cenários: envolve a exploração de várias alternativas futuras para evitar os riscos de adotar um único ponto de vista.

9. *Empowerment*: energização, significa dar aos funcionários poder de decisão, liberdade para criar e autonomia para assumir riscos, aumentando a inovação, a motivação e a lealdade dos colaboradores.

10. Equipes Autodirigidas: são grupos de colaboradores responsáveis por todas as atividades relacionadas a um processo, com autoridade para planejar, controlar e aperfeiçoá-lo.

11. Equipes de Alto Desempenho: são grupos com alto grau de participação que buscam respostas rápidas e inovadoras para os desafios do ambiente, atendendo às demandas dos clientes.

12. Gerenciamento Baseado em Atividades: toma decisões com base em análises econômicas detalhadas de cada atividade empresarial, estabelecendo correlações mais precisas entre custos indiretos e produtos ou serviços.

13. Gerenciamento da Qualidade Total (GQT): é uma abordagem sistemática para eliminar defeitos, falhas e erros, transformando todos os colaboradores em "inspetores de qualidade" e envolvendo-os no processo produtivo, com foco principal nas necessidades e expectativas dos clientes.

14. *Groupware*: refere-se ao uso de tecnologia da informação e redes de computadores para permitir que pessoas de uma organização trabalhem juntas de maneira eficiente.

15. Kaizen: é um processo japonês de melhoria contínua, segundo o qual, a cada dia, algo é feito de maneira melhor.

16. Redução de Tempo de Ciclo: envolve a agilização das atividades da cadeia de valor, diminuindo os tempos de espera, eliminando atividades que não agregam valor e acelerando o processo decisório.

17. Remuneração por Desempenho: é um sistema de remuneração vinculado ao alcance de metas empresariais e objetivos organizacionais mensuráveis e controláveis.

18. Reengenharia: parte do princípio de que é melhor reconstruir do que reformar processos organizacionais, respondendo de forma radical às mudanças no ambiente com a criação de processos inteiramente novos.

19. Segmentação ABC: divide mercados, itens, produtos, clientes ou outras variáveis de decisão em três grupos baseados em sua importância relativa, permitindo ao administrador focar esforços nos segmentos que realmente agregam valor.

20. Terceirização: é a transferência de atividades secundárias da organização para outra empresa que possa executá-las com menor custo, maior rapidez e melhor qualidade, mantendo a organização terceirizadora focada em suas atividades principais.

21. Unidades Estratégicas de Negócios (UENs): são unidades de uma organização que se responsabilizam por uma área estratégica de negócios específica, com independência para negociação e aproveitamento de oportunidades de mercado.

22. *Agile Management*: a gestão ágil é uma abordagem iterativa e incremental para gestão de projetos, com foco na colaboração, flexibilidade e entrega contínua de valor ao cliente. Utiliza metodologias como Scrum e Kanban para melhorar a eficiência e a adaptabilidade das equipes.

23. *Design Thinking*: é uma abordagem centrada no usuário para resolver problemas complexos. Envolve etapas de empatia, definição, ideação, prototipagem e teste, incentivando a criatividade e a inovação a partir da compreensão profunda das necessidades dos usuários.

24. Gestão da Inovação: foca na criação de um ambiente propício para o desenvolvimento e a implementação de novas ideias, produtos e processos. Utiliza técnicas como gestão de portfólios de inovação e laboratórios de inovação para fomentar a criatividade e a competitividade.

25. OKR (*Objectives and Key Results*): é um sistema de definição de metas que conecta objetivos ambiciosos a resultados mensuráveis. Promove alinhamento e engajamento, permitindo que todos na organização saibam exatamente o que é importante e como contribuir para o sucesso coletivo.

26. Gestão de Talentos: envolve identificar, desenvolver e reter funcionários com alto potencial, alinhando suas habilidades e competências com os objetivos estratégicos da organização. Utiliza práticas como *coaching*, *mentoring* e planos de desenvolvimento de carreira.

27. Gestão de Conhecimento: é a prática de capturar, distribuir e efetivamente usar o conhecimento dentro da organização. Envolve ferramentas e processos para coletar e compartilhar informações, facilitando a aprendizagem organizacional e a inovação.

28. *Lean Management* (LM): visa a maximizar o valor para o cliente, minimizando o desperdício. Envolve a identificação e eliminação de atividades que não agregam valor, melhorando a eficiência dos processos e a qualidade dos produtos e serviços.

29. Gestão de Riscos: envolve a identificação, avaliação e priorização de riscos seguidos pela aplicação coordenada de recursos para minimizar, monitorar e controlar a probabilidade e/ou o impacto de eventos adversos. Utiliza ferramentas como a Matriz de Riscos.

30. Transformação Digital: é a integração de tecnologia digital em todas as áreas de uma empresa, mudando fundamentalmente a forma como você opera e entrega valor aos clientes. Inclui a adoção de tecnologias emergentes como IA, *big data* e IoT para impulsionar a eficiência e a inovação.

31. Matriz SWOT (*Strengths, Weaknesses, Opportunities, Threats*): é uma ferramenta essencial de análise estratégica usada para avaliar os pontos fortes, os pontos fracos, as oportunidades e as ameaças de uma organização. Esta técnica é amplamente aplicada na formulação de estratégias, permitindo que a empresa identifique seus recursos internos e as influências externas que podem impactar seus objetivos. A análise SWOT ajuda na tomada de decisões estratégicas, ao alinhar os pontos fortes e fracos internos com as oportunidades e as ameaças externas, facilitando o desenvolvimento de um planejamento estratégico mais eficaz.

32. KPI (*Key Performance Indicators*): são indicadores-chave de desempenho que medem o sucesso de uma organização em atingir objetivos específicos. Eles são ferramentas de gestão que permitem monitorar e avaliar o progresso em áreas críticas de desempenho. KPIs são customizados

para atender às necessidades específicas da organização e podem ser aplicados em diversos níveis, desde indicadores de alto nível para medir a *performance* global da empresa até métricas específicas para avaliar o desempenho de departamentos ou projetos.

33. CSC (Centro de Serviços Compartilhados): representa uma estratégia de consolidação de serviços de suporte, como finanças, recursos humanos e TI, em uma unidade centralizada para atender múltiplas áreas ou unidades de negócios dentro de uma organização. O objetivo dos CSC é aumentar a eficiência, reduzir custos e melhorar a qualidade dos serviços por meio da padronização de processos e da utilização de melhores práticas. Esta técnica é especialmente valiosa em grandes corporações que buscam otimizar operações administrativas e concentrar *expertise* em uma única área.

34. *Customer Relationship Management* (CRM): refere-se a uma técnica administrativa focada na gestão eficaz das interações e dos relacionamentos com os clientes, utilizando ferramentas e sistemas para coletar, armazenar e analisar dados dos clientes. O CRM visa a melhorar a satisfação e a fidelidade dos clientes ao fornecer uma visão integrada e detalhada de cada cliente, permitindo personalizar o atendimento e antecipar as necessidades. Com o CRM, as empresas podem otimizar processos de vendas, *marketing* e atendimento, fortalecendo o relacionamento com os clientes e aumentando a eficiência operacional.

Essas técnicas e ferramentas contemporâneas refletem as tendências e necessidades atuais das organizações, proporcionando aos administradores metodologias para enfrentar os desafios modernos e manter a competitividade no mercado global.

Importante dizer que esta lista apresenta apenas algumas (há muitas outras) das principais técnicas e ferramentas disponíveis no mercado atualmente e que os administradores dispõem de ampla bibliografia para se inteirar de cada uma delas e que podem encontrar facilmente títulos de interesse em qualquer livraria física ou virtual para obter maiores informações.

## 20.5 Conclusões

Se, por um lado, o ambiente de negócios do século XXI impõe grandes desafios, por outro, abre enormes oportunidades que só serão aproveitadas à medida que as empresas e sua administração estiverem preparadas para tal. A economia do conhecimento e a tecnologia da informação vêm aumentando sistematicamente a exigência por produtos e serviços cada vez melhores. As organizações têm de diminuir, quase que diariamente, seu tempo de resposta às exigências do mundo globalizado.

O aprendizado organizacional, entendido como a capacidade da empresa de alterar e mudar seu comportamento em função de novos conhecimentos, modernas tecnologias, novas habilidades e outras competências incorporadas por seus membros, é talvez a única forma de enfrentar e superar essas turbulências características de um ambiente de negócios extremamente complexo e dinâmico.

A Administração pode e deve pesquisar para conhecer a organização como um sistema e identificar as forças internas e externas que provocam mudanças. Pode planejar processos de aprendizagem com os quais pode controlar essas forças e tendências. Nas empresas que se dedicam seriamente à qualidade total, a Administração trabalha com os operários na análise contínua e no aperfeiçoamento do trabalho. Não se pode esperar que as pessoas aprendam quando têm pouco tempo para pensar e refletir, individualmente e em grupo. A maneira como a empresa distribui o tempo diz muito sobre seu empenho em aprender.

As organizações modernas não podem sustentar seu desenvolvimento se este não abranger todos os aspectos da vida, assim como não podem promover um objetivo comum sem estimular objetivos pessoais, que são sempre multifacetados – incluem vida pessoal, profissional, organizacional e familiar. Na nova gestão, os paradigmas são quebrados e os limites entre o que é pessoal e o que é organizacional são intencionalmente indefinidos, pois as organizações podem ajudar o indivíduo a encontrar o equilíbrio entre trabalho e família.

Esse contexto atual e o cenário previsto para as próximas décadas exigem que o administrador incorpore pelo menos sete competências básicas:

> • Arquiteto de Novas Configurações Organizacionais: capaz de agregar sempre mais valor, suplantando antigos paradigmas, concorrências e disputas, em favor de um objetivo maior.
> • Construtor de Sistemas e Processos de Aprendizagem: mediante os quais as pessoas possam enfrentar de maneira produtiva os problemas da organização, bem como desenvolver seus conhecimentos, competências e habilidades.

- Descobridor de Talentos: sabe que não se consegue nada sozinho e que o potencial humano é o maior recurso organizacional.
- Energizador: capaz de promover mudanças que ajudem as pessoas a aprenderem mais, fornecendo-lhes a motivação, a confiança e a fé necessárias para atingir o sucesso.
- Estrategista: capaz de visualizar o futuro, definir uma missão e manter-se no rumo correto, sendo inflexível na direção, mas completamente flexível nas táticas e no comando.
- Mentor: ajuda os colegas da organização a enxergarem a realidade como fonte inesgotável de ideias, criatividade e inovação, ao invés de uma barreira limitadora, transmitindo a todos a certeza de que, juntos, podem aprender tudo o que for necessário para conseguir resultados cada vez melhores.
- Pesquisador Incansável de Conhecimento: ciente de que, a cada nova etapa alcançada, surgem outras em proporção geométrica, sendo necessário estar sempre em busca insaciável pelo saber.

Por fim, resta começar a praticar a essência do que foi visto até aqui e introduzir na sua organização as teorias administrativas e respectivas práticas de avaliação e melhoria organizacionais, utilizando as ferramentas que agora já estão em suas mãos.

# CONSIDERAÇÕES FINAIS

A nova economia, a era digital, a sociedade da informação, o eurocapitalismo, a gestão do capital intelectual, a Sociedade 4.0 etc. são apenas alguns dos desafios contemporâneos que o administrador enfrenta rotineiramente nas organizações. Nesse contexto, o sucesso empresarial requer uma gestão altamente especializada e, paradoxalmente, bastante generalista, com grande capacidade de coletar e processar informações, transformando-as em utilidade para a organização.

A organização do século XXI é transnacional, para ela, não há fronteiras. Diferentemente das tradicionais multinacionais, essas organizações integram profundamente ativos, recursos e pessoas em uma rede de unidades globais, sem considerar qualquer limite que não seja o mercado. O administrador dessas organizações é um gestor de processos flexíveis, balanceados pela perspectiva estratégica, pelas necessidades do cliente e pelas dinâmicas do mercado. Só assim a organização poderá garantir sua sobrevivência e desenvolvimento.

A tarefa, naturalmente, não é fácil, mas não é preciso começar do zero. Há mais de um século, vários estudiosos têm pesquisado e oferecido importantes contribuições no campo da Administração e da Gerência, como foi demonstrado neste livro. Certamente, o leitor encontrará aqui, se não a resposta pronta, pelo menos uma boa indicação de por onde começar.

Independentemente do tempo de experiência em Administração, a verdade é que sempre faltará alguma coisa – uma técnica, uma perspectiva, uma nova forma de visualizar um problema. Quando se domina a teoria, fica mais fácil chegar a um porto seguro ou, no mínimo, dar os primeiros passos na direção correta.

Estudos recentes têm demonstrado que grandes decisões envolvem muito de intuição e sorte. Conta-se, por exemplo, que Napoleão Bonaparte só promovia seus generais se, além de todas as qualidades de um grande guerreiro, eles também tivessem a sorte como uma aliada constante. A teoria, a lógica e a ciência não dispensam o fator humano na tomada de decisões. De fato, o ser humano continua a ser o maior recurso da empresa, um verdadeiro fator surpresa. Um exemplo emblemático é o do grande mestre enxadrista Garry Kasparov nas disputas de xadrez contra o computador Deep Blue, ainda em meados dos anos 1990, ele chegou a vencer mais vezes, mesmo pensando apenas dois movimentos por segundo, enquanto a máquina calculava 200 milhões de movimentos por segundo. Com a inteligência artificial, hoje o desafio não é mais competir com as máquinas, mas aumentar ainda mais todas as capacidades e o potencial das pessoas.

Portanto, não há limites para a organização nem para o administrador, nada está definido por antecipação. Por mais difícil que seja a situação, a única certeza que se pode ter é que a mudança é constante e cada vez mais rápida. No final do primeiro milênio, o conhecimento dobrava a cada 200 anos; no início da Revolução Industrial, a cada 30 anos; atualmente, calcula-se a cada cinco anos. Por isso, você pode mudar – e pode mudar para melhor –, bastando utilizar os instrumentos certos e ter um pouco de sorte.

Esperamos, por fim, ter oferecido a base teórica suficiente para o desenvolvimento de novas soluções. As ideias, os *insights*, as ferramentas gerenciais e as técnicas apresentadas neste livro estão longe de uma perspectiva prescritiva e normativa clássica. Foram apresentadas para nortear suas ações nesse mar turbulento que é a Administração moderna.

Esteja livre para ser o Administrador de que sua organização precisa.

# REFERÊNCIAS

ABBEL, D. F. **Definição do negócio:** ponto de partida do planejamento estratégico. São Paulo: Atlas, 1991.

ACKOFF, R. L. **Gerência em pequenas doses**. Rio de Janeiro: Campus, 1996.

ADAMS, S. **O princípio Dilbert**. Rio de Janeiro: Ediouro, 1996.

ADIZES, I. **Os ciclos de vida das Organizações:** como e por que as empresas crescem e morrem e o que fazer a respeito. São Paulo: Pioneira, 1990.

AKTOUF, O. **Administração entre a tradição e a renovação**. São Paulo: Atlas, 1996.

ALBRECHT, K. **Agregando valor à negociação**. São Paulo: Makon Books, 1995.

ALVAREZ, M. S. B. **Terceirização:** parceria e qualidade. Rio de Janeiro: Campus, 1996.

ALVES, R. R. **Sustentabilidade empresarial e mercado verde:** a transformação do mundo em que vivemos. Petrópolis: Vozes, 2019.

ANSOFF, H. I. **A nova estratégia empresarial**. São Paulo: Atlas, 1991.

ANSOFF, H. I.; MCDONNELL, E. J. **Implantando a administração estratégica**. São Paulo: Atlas, 1996.

ARGYRIS, C. **A integração do indivíduo na organização**. São Paulo: Atlas, 1975.

ARGYRIS, C. **Enfrentando defesas empresariais:** facilitando o aprendizado Organizacional. Rio de Janeiro: Campus, 1996.

ARMSTRONG, D. **A gerência através de histórias.** Rio de Janeiro: Campus, 1996.

BARBIERI, J. C. **Desenvolvimento sustentável:** das origens à agenda 2030. Petrópolis: Vozes, 2020.

BARCAROLLO, F. **Inteligência artificial:** aspectos ético-jurídicos. São Paulo: Almedina, 2021.

BARNARD, C. **As funções do executivo.** São Paulo: Atlas, 1971.

BARROS NETO, J. P. de (Org.). **Administração de Instituições de Ensino Superior.** Campinas: Alínea, 2014.

BARROS NETO, J. P. de (Org.). **Administração de organizações complexas:** liderando e simplificando a gestão para criar valor e maximizar resultados. Rio de Janeiro: Qualitymark, 2008.

BARROS NETO, J. P. de (Org.). **Administração:** fundamentos de administração empreendedora e competitiva. São Paulo: Atlas, 2018.

BARROS NETO, J. P. de (Org.). **Pesquisas aplicadas em Administração:** contribuições de instituições de ensino superior. São Paulo: Educ, 2023.

BARROS NETO, J. P. de. **Administração pública no Brasil:** uma breve história dos correios. São Paulo: Annablume, 2004.

BARROS NETO, J. P. de. **Gestão de pessoas 4.0.** Rio de Janeiro: Freitas Bastos, 2022.

BARROS NETO, J. P. de. **Gestão por competências.** 1. ed. Curitiba: IESDE – Inteligência Educacional e Sistemas de Ensino, 2019.

# REFERÊNCIAS

BARROS NETO, J. P. de. **Liderança nas organizações.** Curitiba: IESDE, 2022.

BARROS NETO, J. P. de. **Teorias da administração – curso compacto:** manual prático para estudantes e gerentes profissionais. Rio de Janeiro: Qualitymark, 2002.

BARROS NETO, J. P. de; SANTOS, F. de A. **Temas contemporâneos de pesquisa em gestão.** São Paulo: Livrus, 2017.

BARROS NETO, J. P. de; SILVA, J. C. da. **Gestão pública orientada a resultados:** central funcional e centro de serviços compartilhados. Lisboa/Portugal: Chiado Editora, 2014.

BARROS NETO, J. P. de; SOUZA, G. de (Org.). **Manual do empreendedor:** de micro a pequenas empresas. Rio de Janeiro: Qualitymark, 2012.

BATY, G. B. **Pequenas e médias empresas dos anos 90.** São Paulo: Makron, 1994.

BELASCO, J. A. **Ensinando o elefante a dançar:** como estimular mudanças na sua empresa. Rio de Janeiro: Campus, 1994.

BELASCO, J. A. *et al.* **O vôo do búfalo:** decolando para a excelência, aprendendo a deixar os empregados assumirem a direção. Rio de Janeiro: Campus, 1996.

BELLEN, H. M. Van. **Indicadores de sustentabilidade:** uma análise comparativa. Rio de Janeiro: FGV, 2006.

BENNIS, W. **A invenção de uma vida:** reflexões sobre liderança e mudança. Rio de Janeiro: Campus, 1996.

BERNARDES, C. **Teoria geral das organizações.** São Paulo: Atlas, 1993.

BERTALANFFY, L. V. **Teoria geral dos sistemas.** Petrópolis: Vozes, 1976.

BIANCHESSI, C. (Org.). **Estudos em ciências sociais aplicadas:** estratégia e processo decisório [recurso eletrônico]. Curitiba: Bagai, 2023.

BLAU, P. M.; SCOTT, W. R. **Organizações formais**. São Paulo: Atlas, 1970.

BLAU, P. M.; SCOTT, W. R. **Organizações formais:** uma abordagem comparativa. São Paulo: Atlas, 1977.

BODEN, M. A. **Inteligência artificial:** uma brevíssima introdução. São Paulo: UNESP, 2020.

BOFF, L. **Sustentabilidade:** o que é – o que não é. Petrópolis: Vozes, 2012.

BOTELHO, E. **Administração inteligente:** a revolução administrativa. São Paulo: Atlas, 1996.

BRADFORD, D. L. **Excelência empresarial:** como levar as Organizações a um alto padrão de desempenho. São Paulo: Makron, 1985.

BRASIL. Ministério da Educação. **Parecer nº 023/2005 da Câmara de Ensino Superior do Conselho Nacional de Educação**. Brasília: Ministério da Educação, 3 fev. 2005. Disponível em: http://portal.mec.gov.br/cne/arquivos/pdf/pces0023_05.pdf. Acesso em: 06 maio 2024.

BRASIL. Ministério da Educação. **Resolução nº 5, de 14 de outubro de 2021**. Institui as Diretrizes Curriculares Nacionais do Curso de Graduação em Administração. Brasília: Ministério da Educação, 18 out. 2021 (publicação).

BRIDGES, W. **Mudanças nas relações de trabalho**. São Paulo: Makron, 1995.

BRIDGES, W. **Um mundo sem empregos**. São Paulo: Makron, 1995.

BROWN, M. T. **Ética nos negócios**. São Paulo: Makron, 1993.

BRUNO, L.; SACCARDO, C. (Coord.). **Organização, trabalho e tecnologia**. São Paulo: Atlas, 1986.

BURNHAM, J. **The managerial revolution**. New York: Van Rees Press, 1941.

BURNS, T.; STALKER, G. M. **The management of innovation**. Londres: Tavistock Publishing, 1961.

CAMILO, J. A. de O.; CRUZ, M. T. de S. (Org.). **Gestão de pessoas:** diálogos multidisciplinares. Curitiba: CRV, 2022.

CAMILO, J.; FORTIM, I.; CRUZ, M. T. de S. **Gestão de pessoas:** práticas de recrutamento e seleção por competências. São Paulo: SENAC, 2018.

CAPRA, F. **Ponto de mutação**. São Paulo: Cultrix, 1991.

CARVALHO, L. C.; SILVEIRA, C.; REIS, L.; RUSSO, N. **Internet of behaviors implementation in Organizational contexts**. Hershey: IGI Global, 2023.

CASTANHEDO, C. **Administração e gerência:** do artesanato a automação. São Paulo: Atlas, 1990.

CATMULL, E.; WALLACE, A. **Criatividade S.A.** Superando as forças invisíveis que ficam no caminho da verdadeira inspiração. Rio de Janeiro: Rocco, 2014.

CERTO, S. C.; PETER, J. P. **Administração estratégica**. São Paulo: Makron, 1993.

CHAMPION, D. J. **A sociologia das Organizações**. São Paulo: Saraiva, 1985.

CHAMPY, J.; NOHRIA, N. (orgs.). **Avanço rápido:** as melhores ideias sobre o gerenciamento de mudanças nos negócios. Rio de Janeiro: Campus, 1997.

CHANDLER JR., A. D. **Strategy and structure:** chapters in the history of the American industrial enterprise. Cambridge: MIT Press, 1976.

CHANLAT, J. F. **O indivíduo e a organização:** dimensões esquecidas. São Paulo: Atlas, 1992.

CHIAVENATO, I. **Administração de empresas:** uma abordagem contingencial. São Paulo: McGraw-Hill, 1987.

CHIAVENATO, I. **Administração:** teoria, processo e prática. São Paulo: Atlas, 1985.

CHIAVENATO, I. **Introdução à teoria geral da administração.** São Paulo: Campus, 2000.

CHIAVENATO, I. **Manual de reengenharia.** São Paulo: Makron, 1995.

CHIAVENATO, I. **Teoria geral da administração.** São Paulo: McGraw-Hill, 1987.

CHIAVENATO, I. **Vamos abrir um negócio.** São Paulo: Makron, 1995.

CLUTTERBUCK, D. **Grandes administradores:** homens e mulheres que mudaram o mundo dos negócios. Rio de Janeiro: Zahar, 1993.

CONSELHO FEDERAL DE ADMINISTRAÇÃO – CFA. **Diretrizes Curriculares Nacionais do Curso de Graduação em Administração:** comentada. Brasília: Conselho Federal de Administração, 2022. Disponível em: https://cfa.Org.br/wp-content/uploads/2022/06/Guia-DCNs-E01-Web--V2.pdf. Acesso em: 06 maio 2024.

CONSELHO FEDERAL DE ADMINISTRAÇÃO – CFA. **Manual de identidade visual.** Brasília: Conselho Federal de Administração, 2020.

CONSELHO FEDERAL DE ADMINISTRAÇÃO – CFA; CONSELHOS REGIONAIS DE ADMINISTRAÇÃO – CRA. **Código de Ética dos Profissionais de Administração.** Brasília: Sistema CFA/CRAs, 2018.

COVEY, S. T. *et al*. **First things first:** como definir prioridades num mundo sem tempo. Rio de Janeiro: Campus, 1996.

COVEY, S. T. **Liderança baseada em princípios**. Rio de Janeiro: Campus, 1996.

CRUZ, M. T. de S.; BARROS NETO, J. P. de (Org.). **Impactos da inteligência artificial na gestão de pessoas**. São Paulo: Tiki Books, 2020.

CSIKSZENTMIHALYI, M. **Criatividade**: o flow e a psicologia das descobertas e das invenções. Rio de Janeiro: Objetiva, 2024.

DANIELS, J. **Visão global**. São Paulo: Makron, 1995.

DAVENPORT, T. H. **Reengenharia de processos**. Rio de Janeiro: Campus, 1994.

DAVENPORT, T. H.; PRUSAK, L.; **Conhecimento empresarial**. Rio de Janeiro: Campus, 1998.

DAVIDOW, W. **Serviço total ao cliente**: a arma decisiva. Rio de Janeiro: Makron, 1992.

DAVIS, S. M. **Management 2000**: administrando a sua empresa hoje para vencer amanhã. Rio de Janeiro: Campus, 1996.

DENTON, D. K. **Organização horizontal**. São Paulo: IMAN, 1995.

DIAS, R. **Gestão ambiental**: responsabilidade social e sustentabilidade. São Paulo: Atlas, 2017.

DOMAIRE, D. **Gestão ambiental na empresa**. São Paulo: Atlas, 1995.

DRUCKER, P. F. **50 casos reais de administração**. São Paulo: Pioneira, 1983.

DRUCKER, P. F. **A nova era da administração**. São Paulo: Pioneira, 1989.

DRUCKER, P. F. **A prática da administração de empresas**. São Paulo: Pioneira, 1981.

DRUCKER, P. F. **Administração de Organizações**. São Paulo: Pioneira, 1994.

DRUCKER, P. F. **Administração em tempos turbulentos.** São Paulo: Pioneira, 1980.

DRUCKER, P. F. **Administrando em tempos de grandes mudanças.** São Paulo: Pioneira, 1995.

DRUCKER, P. F. **Administrando para o futuro.** São Paulo: Pioneira, 1992.

DRUCKER, P. F. **As fronteiras da administração:** onde as decisões do amanhã estão sendo determinadas hoje. São Paulo: Pioneira, 1988.

DRUCKER, P. F. **Fator humano e desempenho.** São Paulo: Pioneira, 1981.

DRUCKER, P. F. **Inovação e espírito empreendedor (entrepreneurship):** prática e princípios. São Paulo: Pioneira, 1985.

DRUCKER, P. F. **Introdução à administração.** São Paulo: Pioneira, 1984.

DRUCKER, P. F. **Reminiscências:** de Viena ao novo mundo. São Paulo: Pioneira, 1982.

DRUCKER, P. F. **Sociedade pós-capitalista.** São Paulo: Pioneira, 1993.

ECCLES, R. G.; NOHRIA, N. **Assumindo a responsabilidade:** redescobrindo a essência da administração. Rio de Janeiro: Campus, 1994.

EDVINSSON, L.; MALONE, M. S. **Capital intelectual.** São Paulo: Makron Books, 1998.

ETZIONI, A. **Análise comparativa das organizações.** São Paulo: Atlas, 1974.

ETZIONI, A. **Organizações modernas.** São Paulo: Pioneira, 1978.

FARIA, J. C. **Administração:** introdução ao estudo. São Paulo: Pioneira, 1999.

FAYOL, H. **Administração industrial e geral**. São Paulo, Atlas, 1968.

FAYOL, H. **Administração industrial e geral:** previsão, Organização, comando, coordenação e controle. São Paulo: Atlas, 1996.

FERREIRA, A. A. *et al*. **Gestão empresarial:** de Taylor aos nossos dias. São Paulo: Pioneira, 1999.

FERREIRA, L. A. (Org.). **Inteligência retórica:** o ethos. São Paulo: Blucher, 2019.

FIEDLER, F. E.; CHEMERS, M. M. **Liderança & administração eficaz**. São Paulo: Pioneira, 1981.

FISCHMANN, A.; ALMEIDA, M. I. R. de. **Planejamento estratégico na prática**. São Paulo: Atlas, 1991.

FLEURY, M. T. L. *et al*. **Cultura e poder nas Organizações**. São Paulo: Atlas, 1989.

GABRIEL, M. **Inteligência artificial:** do zero ao metaverso. São Paulo: Atlas, 2022.

GAJ, L. **Administração estratégica**. São Paulo: Ática, 1987.

GALBRAITH, J. K. **Organizando para competir no futuro**. São Paulo: Makron, 1995.

GARCIA, R. M. Abordagem sociotécnica: uma rápida avaliação. **Revista de Administração de Empresas**, v. 20, n. 3, p. 71-77, jul. 1980.

GERTZ, D. L.; BAPTISTA, J. P. A. **Crescer para lucrar sempre**. Rio de Janeiro: Campus, 1998.

GEUS, A. **A empresa viva**. Rio de Janeiro: Campus, 1998.

GOI JUNIOR, L. O. **Sustentabilidade corporativa e ESG:** como ir de lucrar por lucrar para lucrar com propósito. Rio de Janeiro: Qualitymark, 2022.

GONÇALVES, R. **Cr(IA)ção:** criatividade e inteligência artificial. São Paulo: Estação das Letras e Cores, 2023.

GOUILLART, F. J. **Transformando a Organização**. São Paulo: Makron, 1995.

GUSTAVO, N.; PRONTO, J. M.; CARVALHO, L. C.; BELO, M. **Optimizing digital solutions for hyper-personalization in tourism and hospitality.** Hershey: IGI Global, 2022.

HAMPTON, D. R. **Administração:** processos administrativos. São Paulo: Makron, 1990.

HANDY, C. **A era do paradoxo.** São Paulo: Makron, 1995.

HANDY, C. B. **Deuses da administração:** como enfrentar as constantes mudanças da cultura empresa. Rio de Janeiro: Saraiva, 1994.

HARRINGTON, J. H. **Aperfeiçoando processos empresariais.** São Paulo: Makron, 1993.

HSM MANAGEMENT. São Paulo: Editora Savana, n. 10-19, set./out. 1998-mar./abr. 2000.

JARDIM, J.; RODRIGUES, E. V. **Educação empreendedora e cidadania:** novos paradigmas para um futuro colaborativo. Vila Nova de Gaia: Skills Research, 2024.

JAY, A. **Maquiavel e a gerência de empresas.** Rio de Janeiro: Zahar, 1968.

JOHNSON, S. **De onde vêm as boas ideias:** uma breve história da inovação. Rio de Janeiro: Zahar, 2021.

KANTER, R. M. **Classe mundial:** uma agenda para gerenciar os desafios globais em benefício das empresas e das comunidades. Rio de Janeiro: Campus, 1996.

KARLOF, B. **Conceitos básicos de administração.** São Paulo: Nobel, 1994.

KATZ, D.; KAHN, R. **Psicologia social das Organizações.** São Paulo: Atlas, 1978.

KAY, J. **Fundamentos do sucesso empresarial:** como as estratégias de negócios agregam valor. Rio de Janeiro: Campus, 1996.

KLINK, A.; ALMEIDA, S. **Gestão de sonhos:** riscos e oportunidades. Salvador: Casa da Qualidade, 2000.
KNEUSEL, R. T. **Como a inteligência artificial funciona:** da magia à ciência. São Paulo: Novatec, 2024.
KOONTZ, H.; O'DONNELL, C. **Fundamentos da administração.** São Paulo: Pioneira, 1989.
KOONTZ, H.; O'DONNELL, C. **Manual de estudo e exercícios para acompanhar princípios de administração.** São Paulo: Pioneira, 1980.
KOONTZ, H.; O'DONNELL, C.; WEIHRICH, H. **Administração:** fundamentos da teoria e da ciência. São Paulo: Pioneira, 1986.
KOTTER, J. **A cultura corporativa e o desempenho empresarial.** São Paulo: Makron, 1994.
KOTTER, J. **Liderando a mudança.** Rio de Janeiro: Campus, 1997.
KRAUZ, R. R. **Trabalhabilidade.** São Paulo: Nobel, 1999.
KUAZAQUI, E. (Org.). **Administração empreendedora:** gestão e marketing inovadores. São Paulo: Évora, 2015.
KUAZAQUI, E. (Org.). **Administração para não-administradores.** São Paulo: Editora Saraiva, 2006.
KUAZAQUI, E. (Org.). **Administração, tecnologia e informação:** teorias e práticas de sucesso. Campinas: Alínea, 2023.
KUAZAQUI, E. (Org.). Liderança e criatividade em negócios. São Paulo: Thomson Learning, 2006.
KUAZAQUI, E. (Org.). **Relações internacionais:** desafios e oportunidades de negócios do Brasil. São Paulo: Literare Books International, 2018.
KWASNICKA, E. L. **Introdução à administração.** São Paulo: Atlas, 1980.

KWASNICKA, E. L. **Teoria geral da administração:** uma síntese. São Paulo: Atlas, 1987.

LAROUSSE. **Grande enciclopédia Larousse cultural.** São Paulo: Larousse, 1995; São Paulo, Nova Cultural, 1998.

LAWRENCE, P. R.; LORSCH, J.W. **As empresas e o ambiente:** diferenciação e integração administrativa. Petrópolis: Vozes, 1973.

LEE, K.-F. **Inteligência artificial:** como os robôs estão mudando o mundo, a forma como amamos, nos relacionamos, trabalhamos e vivemos. Rio de Janeiro: Globo Livros, 2019.

LEE, K.-F.; QIUFAN, C. **2041:** Como a inteligência artificial vai mudar sua vida nas próximas décadas. Rio de Janeiro: Globo Livros, 2022.

LEVY, A. R. **Competitividade Organizacional:** decisões empresariais para uma nova ordem econômica e mundial. São Paulo: Makron, 1992.

LEWIS, J. D. **Alianças estratégicas.** São Paulo: Pioneira, 1992.

LIKERT, R. **A organização humana.** São Paulo: Atlas, 1975.

LISBOA, T. C.; MATTEU, D. de. **Manual completo de gestão para formação de tecnólogos:** conceitos e práticas. São Paulo: Atlas, 2019.

LOCK, P. **Gerentes poderosos.** São Paulo: Makron, 1991.

LODI, J. B. **História da administração.** São Paulo: Pioneira, 1974.

LORANGE, P.; ROOS, J. **Alianças estratégicas:** Formação, implementação e evolução. São Paulo: Atlas, 1997.

LORSCH, J.; MORSE, J. J. **Organization and their members:** a contingency approach. Nova York: Harper and Row Publ, 1974.

LUPTON, E. **O design como storytelling**. São Paulo: Olhares, 2022.

MANGANELLI, R. L.; KLEIN, M. M. **Manual de reengenharia:** um guia, passo a passo, para a transformação da sua empresa. Rio de Janeiro: Campus, 1995.

MARQUES, A. F. **Inteligência artificial:** regulação ética e responsabilidade civil. Curitiba: Juruá, 2021.

MASI, D. **A sociedade pós-industrial**. São Paulo: Editora Senac, 1999.

MASI, D. **O futuro do trabalho**. Rio de Janeiro: José Olympio, 1999.

MASI, D. **O ócio criativo**. Rio de Janeiro: Sextante, 2004.

MASI, D. **O trabalho no século XXI:** fadiga, ócio e criatividade na sociedade pós-industrial. Rio de Janeiro: Sextante, 2022.

MATTOS, A. M. **Organização:** uma visão global: introdução, ciência, arte. São Paulo: Makron, 1995.

MAUCHER, H. **Liderança em ação**. São Paulo: Makron, 1995.

MAXIMIANO, A. C. A. **Introdução à administração**. São Paulo: Atlas, 1991.

MAXIMIANO, A. C. A. **Teoria geral da administração**. São Paulo: Atlas, 1997.

MCGILL, M. E.; SLOCUM JUNIOR, J. W. **A empresa mais inteligente:** como construir uma empresa que aprende e se adapta às necessidades do mercado. Rio de Janeiro: Campus, 1996.

MCGREGOR, D. **Motivação e liderança**. São Paulo: Brasiliense, 1973.

MCKENNA, R. **Estratégias de Marketing em tempos de crise**. Rio de Janeiro: Campus, 1989.

MCKENNA, R. **Marketing de relacionamento**. Rio de Janeiro: Campus, 1992.

MCNEILLY, M. **Sun Tzu e a arte dos negócios**. Rio de Janeiro: Campus, 1998.

MEGGINSON, L. C. **Administração**: conceitos e aplicações. São Paulo: Harbra, 1986.

MENDONÇA, L. C. de. **Participação na organização**: uma introdução aos seus fundamentos. São Paulo: Atlas, 1987.

MICHAELIS. **Dicionário executivo**: administração, economia e marketing. São Paulo: Melhoramentos, 1989.

MILLS, D. Q. **Empowerment**: um imperativo – 6 passos para se estabelecer uma Organização de alto desempenho. Rio de Janeiro: Campus, 1996.

MINTZBERG, H. **Criando organizações eficazes**: estrutura em cinco configurações. São Paulo: Atlas, 1996.

MIRSHAWKA, Victor. **Trabalhabilidade**: a necessidade da agilidade. São Paulo: DVS, 2022.

MIRSHAWKA, Victor. **Trabalhabilidade**: a obrigatoriedade da adaptação. São Paulo: DVS, 2022.

MISSIAS-MOREIRA, R.; MOTA, J. (Org.). **Perspectivas interdisciplinares sobre qualidade de vida e saúde**. São Carlos: Pedro & João Editores, 2023. v. 1.

MONTEIRO, D. **Chacrinha**. São Paulo: Leya, 2014.

MOREIRA, E. F. P.; MARTYNIUK, V. L. (Org.). **Tendências da Administração em debate**. São Paulo: Estação das Letras e Cores Editora, 2021.

MORGAN, G. **Imagens da organização**. São Paulo: Atlas, 1995.

MOTTA, F. C. P. **Organização e poder**. São Paulo: Atlas, 1990.

MOTTA, F. C. P. **Teoria das organizações**. São Paulo: Pioneira, 1986.

MOTTA, F. C. P. **Teoria geral da administração:** uma introdução. São Paulo: Pioneira, 1976.

MOTTA, F. C. P. **Teoria geral da administração:** uma introdução. São Paulo: Pioneira, 1980.

MOTTA, F. C. P.; PEREIRA, L. B. **Introdução à organização burocrática.** São Paulo: Brasiliense, 1991.

NADLER, D. A.; GESTEIN, M. S.; SHAW, R. B. *et al.* **Arquitetura organizacional:** a chave para a mudança empresarial. Rio de Janeiro: Campus, 1993.

NAISBITT, J. **Paradoxo global:** quanto maior a economia mundial mais poderosos são os seus protagonistas menores nações, empresas e indivíduos. Rio de Janeiro: Campus, 1993.

NAISBITT, J.; ABURDENE, P. **Megatrends 2000.** São Paulo: Amana Key, 1990.

NOGUEIRA, C. S.; LISBOA, T. C. (Org.). **Administração:** avanços e desafios. Rio de Janeiro: Novaterra, 2015.

NONAKA, H.; TAKEUCHI, I. **Criação de conhecimento na empresa.** Rio de Janeiro: Campus, 1997.

NORMANN, R. **Administração de serviços:** estratégia e liderança na empresa de serviços. São Paulo: Atlas, 1996.

ODIORNE, G. S. **Administração por objetivos.** Rio de Janeiro: Livros Técnicos e Científicos Ltda., 1976.

OHMAE, K. **O estrategista em ação:** a arte japonesa de negociar. São Paulo: Pioneira, 1985.

OHMAE, K. **O fim do estado nação.** Rio de Janeiro: Campus, 1996.

OLIVEIRA, D. P. R. de. **Excelência na administração estratégica:** a competitividade para administrar o futuro das empresas. São Paulo: Atlas, 1993.

OLIVEIRA, J. F. (Org.). **Profissão líder.** São Paulo: Editora Saraiva, 2006.

OLIVEIRA, J. F.; MARINHO, R. M. (Org.). **Liderança:** uma questão de competência. São Paulo: Editora Saraiva, 2005.

OS PENSADORES. São Paulo, Nova Cultural, 1999.

OUCHI, W. G. **Teoria Z:** como as empresas podem enfrentar o desafio japonês. São Paulo: Fundo Educativo Brasileiro, 1982.

PACKARD, D. **The HP way:** como Bill Hewlett e eu construímos nossa empresa. Rio de Janeiro: Campus, 1996.

PADULA, R. S.; TUDDA, L. (Org.). **Pesquisa discente no Curso de Administração da PUC-SP – 2020.** São Paulo: Tiki Books, 2021.

PARKINSON, C. N. **A Lei de Parkinson.** São Paulo: Pioneira, 1967.

PEGO, A. **Handbook of research on digital innovation and networking in post-COVID-19 Organizations.** Hershey: IGI Global, 2022.

PENALVA, W. **Belmiro:** amor e administração. Brasília: Conselho Federal de Administração, 2018.

PEREIRA JÚNIOR, P. J. C. *et al.* **A empresa enxuta.** Rio de Janeiro: Campus, 1996.

PETER, L. J.; HULL, R. **Todo mundo é incompetente.** Rio de Janeiro: José Olympio, 1967.

PETERS, T. J.; WATERMAN JR., R. H. **Vencendo a crise:** como o bom senso empresarial pode superá-la. São Paulo: Harbra, 1986.

PETERS, T. **Prosperando no caos.** São Paulo: Harbra, 1989.

PETROZZO, D. **Reengenharia na prática.** São Paulo: Makron, 1995.

PHILIPPI JUNIOR, A.; CIOCE, C. A.; FERNANDES, V. **Gestão empresarial e sustentabilidade.** Barueri: Manole, 2016.

PINCHOT, G.; PINCHOT, E. **O poder das pessoas:** como usar a inteligência de todos dentro da empresa para conquista do mercado. Rio de Janeiro: Campus, 1996.

PORTER, M. E. **A vantagem competitiva das nações.** Rio de Janeiro: Campus, 1993.

PORTER, M. E. **Estratégia competitiva:** técnicas para análise de indústrias e da concorrência. São Paulo: Fundação Getúlio Vargas, 1986.

RAGO, L. M. **O que é taylorismo.** São Paulo: Brasiliense, 1994.

REDDIN, W. J. **Eficácia gerencial.** São Paulo: Atlas, 1989.

REIS, H. M. dos (Coord.). **Direito & gestão no esporte:** enfoque público e privado. São Paulo: Quartier Latin, 2024.

ROBBINS, S. P. **O processo administrativo:** integrando teoria e prática. São Paulo: Atlas, 1978.

RODRIGUES, B. A. **A inteligência artificial no Poder Judiciário:** e a convergência com a consciência humana para a efetividade da justiça. São Paulo: Thomson Reuters Brasil, 2021.

ROMARO, P.; SERRALVO, F. A. **ESG:** uma visão plural. São Paulo: Estação das Letras e Cores, 2022.

RUSSELL, S. **Inteligência artificial a nosso favor:** como manter o controle sobre a tecnologia. Rio de Janeiro: Companhia das Letras, 2021.

RUSSELL, S. J.; NORVIG, P. **Inteligência artificial:** uma abordagem moderna. Rio de Janeiro: LTC, 2022.

SANTOS, E. A. P. dos; CRUZ, M. T. de S. **Gestão de pessoas no século XXI:** desafios e tendências para além de modismos. São Paulo: Tiki Books, 2019.

SANTOS, F. de A.; CARVAJAL JÚNIOR, C. J.; CRIVELARO, M. (Org.). **Administração de empresas no setor de serviços.** São Paulo: Porto de Ideias, 2012.

SAVIANI, J. R. **Repensando as pequenas e médias empresas**. São Paulo: Makron, 1994.

SCHEIN, E. **Consultoria de procedimentos:** seu papel no desenvolvimento organizacional. São Paulo: Edgar Blucher, 1972.

SCHONBERGER, R. **Técnicas industriais japonesas:** noções e lições ocultas sobre a simplicidade. São Paulo: Pioneira, 1984.

SENGE, P. **A quinta disciplina:** arte, teoria e prática da organização de aprendizagem. São Paulo: Best Seller, 1994.

SILVA, A. T. da. **Administração e controle**. São Paulo: Atlas, 1996.

SILVA, C. R. M. da (Org.). **Gestão de pessoas e relações de trabalho**. Ponta Grossa: Atena, 2020.

SLATER, R. **Liderança de alto impacto**. Rio de Janeiro: Campus, 1996.

STEWART, T. A. **Capital intelectual:** a nova vantagem competitiva das empresas. Rio de Janeiro: Campus, 1997.

STONER, J. A. F. **Administração**. Rio de Janeiro: Prentice Hall do Brasil, 1995.

SULEYMAN, M.; BHASKAR, M. **A próxima onda:** inteligência artificial, poder e o maior dilema do século XXI. Rio de Janeiro: Record, 2023.

TAPSCOTT, D. **Mudança de paradigma**. São Paulo: Makron, 1995.

TAYLOR, F. W. **Princípios de administração científica**. São Paulo: Atlas, 1970.

TEIXEIRA, A. **Reengenharia no governo**. São Paulo: Makron, 1995.

TEIXEIRA, F. **Inteligência artificial em marketing e vendas:** um guia para gestores de pequenas, médias e grandes empresas. Rio de Janeiro: Alta Books, 2021.

THOMPSON, J. D. **Dinâmica organizacional:** fundamentos sociológicos da teoria administrativa. São Paulo: McGraw Hill, 1976.

THOMPSON, V. A. **A moderna organização**. Rio de Janeiro: Freitas Bastos, 1967.

TOFFLER, A. **A empresa flexível**. Rio de Janeiro: Record, 1985.

TOFFLER, A. **As mudanças das bases de poder**. São Paulo: Best Seller, 1992.

TOMASKO, R. **Crescer, não destruir**. Rio de Janeiro: Campus, 1997.

TORRES, N. A. **Competitividade empresarial com a tecnologia da informação**. São Paulo: Makron, 1995.

TUDDA, L.; PADULA, R. S. (Org.). **Pesquisa discente no Curso de Administração da PUC-SP 2021**. São Paulo: EDUC, 2023.

TUDDA, L.; PADULA, R. S. (Org.). **Pesquisa discente no Curso de Administração da PUC-SP 2022**. São Paulo: Educ, 2024.

TZU, S. **A arte da guerra**. São Paulo: Pioneira, 1989.

VASCONCELLOS, E.; HEMSLEY, J. R. **Estrutura das organizações:** estruturas tradicionais, estruturas para inovação, estrutura matricial. São Paulo: Pioneira, 1989.

WEBER, M. **A Ética protestante e o espírito do capitalismo**. São Paulo: Companhia das Letras, 2004.

WHITELEY, R. **A empresa totalmente voltada para o cliente**. Rio de Janeiro: Campus, 1992.

WIENER, N. **Cibernética e sociedade:** o uso humano de seres humanos. São Paulo: Cultrix, 1973.

WOMACK, J. P. *et al*. **A máquina que mudou o mundo.** Rio de Janeiro: Campus, 1996.
WOODWARD, J. **Organização industrial:** teoria e prática. São Paulo: Atlas, 1977.